传媒与艺术研究

MEDIA & ART STUDIES

传媒集刊

2019

总第57期

第3辑

李锦云·主编

中国传媒大学出版社

·北京·

目 录

文学与传播

高教园地

文化论坛

史海钩沉

走近名家

新闻与传播

微信对农村老年人健康的促进作用①

彭晶晶　邓恒娴

【摘要】本研究采用问卷调查与实地访谈的方法,以江西进贤县A、B、C、D四个村55周岁以上的老年人为研究对象,调查他们获取健康信息的途径以及使用微信对他们的健康促进所产生的作用,从而了解农村老年人对健康类信息的接受与需求状况。调查发现,农村老年人对健康类信息有很强的关注度,但是缺乏一定的辨识力与获取力。微信上的健康信息传播对农村老年人有一定的效果,但是效果并不明显;微信上的健康信息传播对农村老年人的健康促进起到了一定作用,但是作用并不突出。另外,由于农村地区老年人的文化程度普遍不高,且老年人视力不佳,因此,代际传播和信息反哺在微信中表现明显,老年人对晚辈分享的健康信息有很高的认可度。

【关键词】微信　农村老年人　健康

截至2017年年底,我国60岁及以上老年人口已达2.41亿人,占总人口的17.3%②。其中,农村老年人口占全国老年人口的六成左右。农村老年人口增多,尤其空巢老人和独居老人居多,农村老龄化问题越来越严重。由北京协和医学院、中国老年保健协会等共同发布的《老年健康蓝皮书:中国老年健康研究报告(2018)》综合近20年来出台的老龄健康政策以及我国人口老龄化现状,提出了九点建议,其中就包括要关注农村老年人,推动"老年人+互联网"发展,出台老年人互联网学习、培训优待政策等。

2018年10月16日,微信在重阳节前夕公布了最新的老年用户数据,截至2018年9月,55岁至70岁的微信用户达到6100万,老年人日均使用微信1.37小时。因为微信的社交性及易操作性,老年人渐渐成为使用微信的重要群体,其中也包括不少的农村老年人。那么,农村老年人对健康信息的获取途径有哪些?微信上的健康信息传播

---

① 本文系江西省高校人文社会科学研究项目"江西省农村居民慢性病的健康促进与传播策略研究"(项目编号:XW17206)的阶段性研究成果。

② 罗争光. 我国60岁及以上老年人口数量达2.41亿 占总人口17.3%[EB/OL].(2018-02-26)[2020-06-30]. http://www.xinhuanet.com//2018-02/26/c_1122456862.htm.

能否对农村老年人的健康促进起作用？本文拟围绕这两个问题，通过实证研究了解微信使用对农村老年人健康的促进作用，为老年人健康促进提供参考与建议。

一、研究设计

（一）研究对象

国际上将65岁以上的人确定为老年人，我国界定60岁以上的公民为老年人。考虑到农村地区的实际情况，在研究对象的选择上，笔者把调查对象选定在55岁以上，分别选取了江西省进贤县的A、B、C、D四个村作为调查对象，共调查农村老年人256人。

（二）研究方法

本研究采取线上、线下调查相结合的问卷发放方式。线上调查利用问卷网（https://www.wenjuan.com）对问卷进行编辑，尔后转发到调查对象的微信群里，让微信用户填写；线下调查在村干部的协调下，有目的地对55岁以上的老年人实施问卷发放。针对不识字或视力不佳的农村老年人，在发放问卷的同时，每村配备了若干名经过严格训练的调查员，辅助老年人读题并代为答题。

同时，课题组还采用了入户调查、面对面访谈的方式，对调查对象展开现场访谈，以弥补问卷调查的不足。

（三）调查过程

此次问卷发放和入户访谈选择在2019年春节前后，共收到线上问卷152份，线下问卷256份。线上问卷中，142份都不是目标人群，虽然有一定参考意义，但是在本文中不做具体分析。线下问卷256份，由于部分农村老年人没有使用微信，故有102份问卷做到第7题就不再继续答题。因此，综合线上、线下问卷，最终共收集有效问卷168份。

在入户调查过程中，通过面对面访谈的方式，课题组对其中50位老人实施了调查，并规范地做了编号与访谈记录。

二、研究分析

(一)基本情况

本次调查研究的 256 个研究对象都是 55 周岁以上的农村地区老年人,其中,男性 157 人,占比 61.3%;女性 99 人,占比 38.7%。研究对象的文化程度普遍偏低,小学毕业的或从没有受过教育的占 84.3%;初中毕业的占 15.4%;最高的文化水平是初中。调查对象大部分都是在家务农或外出打工,这两部分加起来占比超过 80%;有很小一部分近年干起了个体户,占 11.54%。调查发现,大部分老年人是跟儿女一起居住的,占 80.9%。具体数据见表 1。

表 1 调查对象的基本情况

人口特征	类别	人数	百分比(%)
性别	男	157	61.3
	女	99	38.7
年龄	55 岁以上	256	100
文化水平	小学及以下	216	84.3
	初中	40	15.6
	初中以上	0	0
工作	务农	107	41.8
	打工	90	35.2
	个体户	29	11.3
	其他	30	11.7
居住状况	与子女同住	207	80.9
	与伴侣同住	28	10.9
	独居	21	8.2

(二)农村老年人的健康状况

调查发现,几乎所有调查对象都认为自己的身体不是很健康。在所有调查对象中,有 155 人患慢性疾病,包括糖尿病、高血压、腰椎间盘突出、风湿、胃病等;没有慢性病但是觉得自己偶有病痛的有 82 人;觉得自己身体一般的有 13 人;觉得自己身体良好的仅仅有 6 人,且都为女性。具体见图 1。

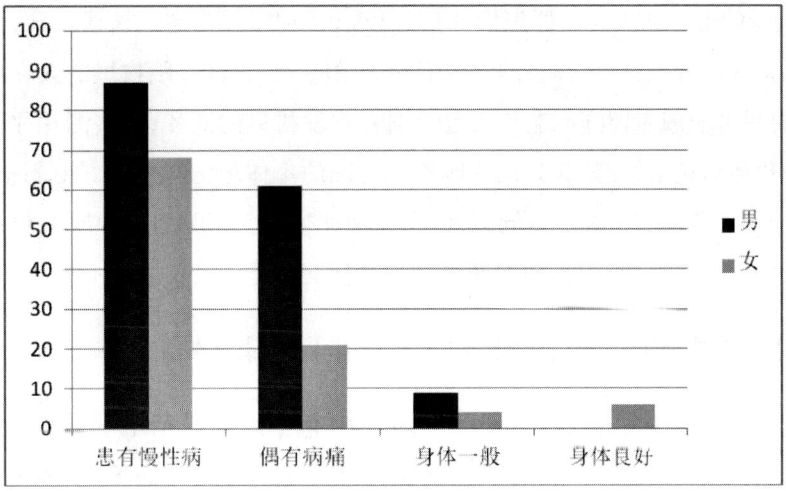

图1　调查对象的健康状况

（三）农村老年人对健康信息的关注情况

调查表明，大部分老年人很重视自身的健康问题，这部分占了81.5%。调查同时表明，患有慢性病的老年人对健康问题更为关注。另外，有部分老年人是受周围环境的影响才对自己的健康有所重视，听闻邻居或者同村的人因生活上不注意、不重视健康致病甚至因此离世的事实，会给农村老人很大的影响，并引起他们对自身健康的重视。通过访谈发现，尽管老年人都觉得生老病死是常态，但是又很担心因为病患给后辈带来更大的经济压力。

在对健康信息的关注上，农村老年人对疾病类信息，特别是各种慢性病、癌症等疾病的关注程度最高，占到71%；其次是养生保健类信息，占61%；接下来是医疗保险补助等信息，占43%。

（四）农村老年人使用微信情况

在手机的使用上，256位农村老人中，只有35位老人没有手机。这些老人年龄普遍超过70岁，视力不佳且大多不识字。在微信的使用上，共有102位老人的手机没有安装微信，他们大部分是女性或者65岁以上老人。安装并使用微信的老人共有154人，占总调查人数的60.2%，表明农村老年人使用微信的比例还是很高的。

在微信功能的使用上，关注程度由高到低依次是微信群聊、抢红包、语音视频通话以及朋友圈。由于自己或者家人在外打工，农村老年人特别看重微信群聊功能。统计得知，农村老年人微信里平均有4.5个群，而且，这些群的活跃度非常高。在笔者调查的A、B、C、D四个村中，每个村都有一个囊括所有村民的大群，群里人数最多的达到

478 人,最少的也有 223 人。群里发的信息以语音和图片为主。访谈得知,由于自己或者家人常年在外地打工,休息的时候老年人总想刷刷微信,跟村里的人在群里聊聊天;而在村里务农或者留守的老年人也特别喜欢发村里的图片,这些图片往往能够引起大家的集体讨论与怀恋,成为在外地务工村民的集体记忆与慰藉。由调查可见,对于微信,老年人普遍有很高的认同感,但是在功能使用上,仍然比较单一,仅仅把微信作为"熟人社会"的一种延伸,更多关注的是其社交功能。

(五)微信中的健康信息传播对农村老年人健康认知的影响

在健康信息的获取途径上,85.3%的农村老年人选择了电视获取健康信息;34.2%的农村老年人选择了手机;18.6%的老年人选择了宣传海报;15.4%的老年人选择了报纸杂志;12.4%的老年人选择了收音机等广播媒体。

在利用手机微信获取健康信息的方式上,78%的老年人选择通过群里转发的信息;56%的老年人选择晚辈的分享与告知;34%的老年人选择通过朋友圈;只有6%的老年人通过订阅公众号的方式主动获取健康信息。通过具体访谈得知,这些订阅公众号的老年人并不是自己主动订阅的,而是晚辈帮忙订阅并教其使用。总之,在通过微信获取健康信息的方式上,代际传播与信息反哺的现象非常明显,绝大部分老年人在健康信息的获取上比较被动。

在对手机微信中各种各样虚假健康信息的识别上,仅有11%的老年人具有识别能力,且这些老年人大多为男性;有27.9%的老年人没有识别能力;有一定识别能力的老年人占61%(见图2)。

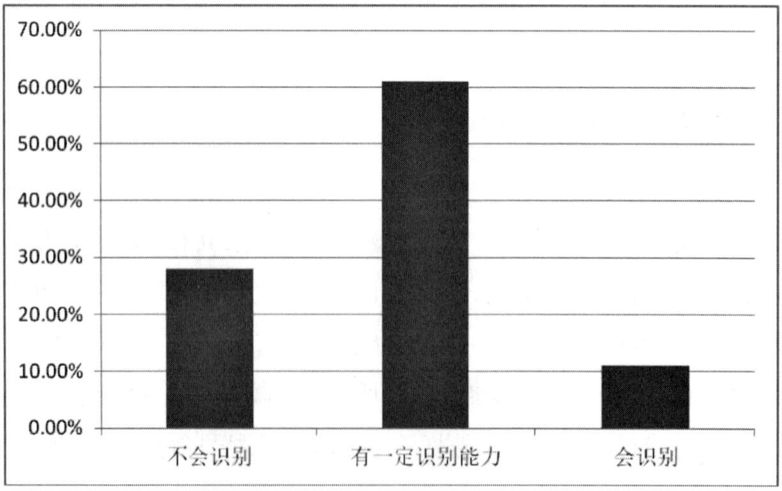

图2 调查对象对虚假健康信息的识别能力

（六）微信中的健康信息传播对农村老年人态度的影响

在对健康信息的信任上，农村老年人对电视中健康信息的信任度仍然很高，占到56.9%；同时，他们也抱怨电视上充斥着各种虚假的医药以及保健品广告，认为各种民营医院的广告也是骗人的，都是以赚钱为目的。他们对手机微信上的健康信息有一定的信任度，占到48.1%。究其原因，是因为微信在农村老年人心目中是熟人社交的延伸。农村老年人普遍利用群聊获取健康信息。在群聊中，乡村医务工作者成为健康信息传播的舆论领袖，很多村民对于乡村医务工作者在群里转发的健康信息有很高的信任度；也有一些在外地打工的老年人，当遇到健康问题时会选择在群里询问乡村医务工作者。同时，农村老年人接触微信大多受到晚辈的影响，因此，在健康信息的获取上，很多信息来自晚辈的分享，对于晚辈分享的健康信息，他们也能保持很高的信任值（见表2）。

表2　农村老年人获取健康信息的途径及信任情况

健康信息的获取途径	所占比例(%)	顺位	健康信息信任度(%)	顺位
电视	85.3	1	56.9	1
微信	34.2	2	48.1	2
宣传海报	18.6	3	18.5	4
报纸杂志	15.4	4	23.9	3
收音机	12.4	5	13.7	5

（七）微信中的健康信息传播对农村老年人行为的影响

在是否会转发微信中的健康信息问题上，67.4%的老年人选择“只看不转发”；19.8%的老年人选择“观看并且转发”；另外有12.8%的老年人选择“不看也不转发”。通过访谈得知，并不是农村老年人不想看这些信息，而是因为不识字看不懂。另外，虽然很多老年人选择了不在网上转发健康信息，但在线下的人际交往中，他们会就线上的健康信息展开交流。很多老年人获取健康信息，并不一定是为了指导自己的生活，更多的是以此作为一种社交的谈资。通过这种日常的交往，那些不识字的农村老年人因此也间接地获得了部分健康信息。

在问及是否会按照微信上的健康信息指导自己的生活问题时，65.3%的老年人选择“在合适的情况下会”；28.5%的老年人选择“完全不会”；只有6.2%的老年人选择“会通过微信健康信息指导生活”。

在回答为什么不愿意利用健康信息指导生活时，有87.1%的老年人选择了“太麻烦,做不到";有75.4%的老年人选择了"没钱没时间";有24.5%的老年人选择了"不识字,看不懂";有23.7%的老年人认为"信息虚假,不愿相信"(见图3)。

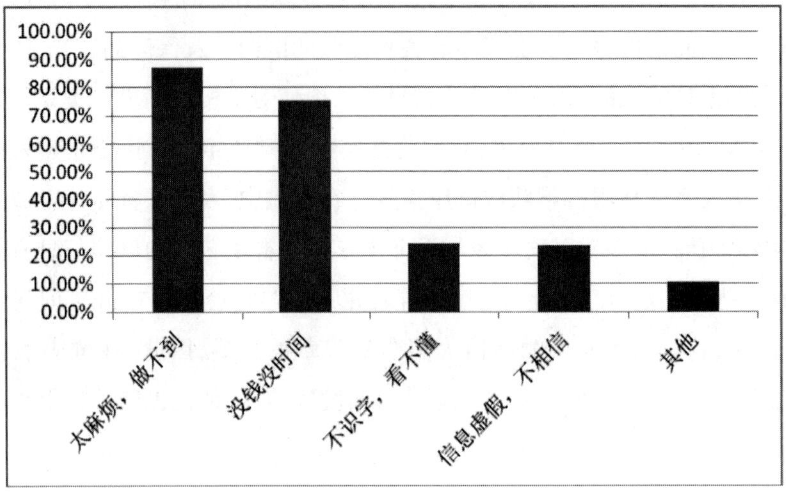

图3 不愿意采取健康行动的原因

三、结论与对策

(一)研究结论

1.农村老年人的健康信息需求并没有得到充分的满足,对健康信息的获取力与辨识力均不足

调查得知,农村老年人普遍非常关注健康信息,但是由于自身和外在的原因,他们的健康信息需求并没有得到充分的满足。到目前为止,农村老年人获取健康信息的主要途径仍然来自于电视,但是在市县级电视节目中,充斥着大量的虚假医药、医院的广告和保健品广告,农村老年人对此深感不满。同时,由于自身文化水平的限制,很多农村老年人不会利用手机主动搜寻健康信息,在微信的健康信息传播中,老年人更多充当的是被动的信息接收者,他们不会主动参与到健康信息的获取与传播上,同时,对于微信里传播的各种伪健康信息,他们并没有很好的判断力与辨识力。

2.微信上的健康信息传播对老年人有一定影响,但是效果并不突出

随着生活水平的提高,老年人拥有手机和使用手机的情况已经越来越普遍,但是

在农村,仍然有很多老人没有也不会使用手机,特别是智能手机,更别提使用微信了。调查显示,有超过五成的农村老年人使用微信,但是由于文化水平的限制,更多的老年人看重的是微信的语音功能,受"熟人社会"的影响,农村老年人更愿意把微信作为其日常交往在线上的延伸。

在健康信息的传播效果上,通过对农村老年人健康信息 KAP(Knowledge、Attitude、Practice)的调查可以看出,在健康信息的认知上,微信群和朋友圈里的健康信息提高了农村老年人对健康信息的认知,但这仅仅是老年人通过微信进行人际交往得到的附加利益而已,老年人并不会有意识地关注并有效地辨识健康信息。在对微信中健康信息的态度上,大部分农村老年人有很高的认可度,主要原因是这些信息经过了医务工作者或晚辈的过滤。换言之,他们对此部分信息的信任更多基于人际关系中的"晕轮效应",而不是基于信息本身。在健康信息对健康行为的促进上,作用并不明显,很多老年人认为太麻烦或者没钱没时间,而选择放弃。

3. 微信中健康信息的传播,两级传播与代际传播十分明显

在微信中,群聊和朋友圈是农村老年人获取健康信息的重要方式。通过对农村老年人微信群的深入调查,笔者发现,在以村为单位的大群中,乡村医生在健康信息的传播中起着意见领袖的作用;在以家族为单位的小群里,晚辈对老年人的信息反哺作用非常明显。

在健康信息的传播流上,农村老年人对健康信息的传播与接受,遵循了拉扎斯菲尔德的"两级传播"模式:"来自媒介的消息首先抵达意见领袖(opinion leaders),接着,意见领袖将其所见所闻传递给同事或者接受其影响的追随者(followers)。这一过程被称作两级流动传播(two-step flow of communication)。"①这种传播的流动是通过线上和线下的合力完成的。尽管老年人在微信上对健康信息的获取与传播表现并不活跃,但是在接受健康信息后,在线下的交流中,他们表现得非常活跃。在与熟人的交往中,他们非常乐意以此作为交流讨论的内容,也愿意把健康信息的传播给没有能力获取到此类信息的其他人。

同时,代际传播在健康信息的传播中表现非常突出。在微信上,健康信息的传播按照年轻人→老年人的方向流动。对于大部分的农村老年人来说,家族年轻人对他们的信息反哺不仅仅是一种信息的传播,更是一种亲情与关怀的表现,因此,对于年轻人传播给他们的健康信息,老年人会在情感接受上保持很高的认可度。

① 赛佛林,坦卡德.传播理论:起源、方法与应用[M].郭镇之,译.北京:华夏出版社,2000:228.

(二)对策与建议

1. 推动"老年人 +互联网"发展,为农村老年人提供互联网学习、培训的平台

为实现健康老龄化,2017 年,国家卫计委等部门联合发布了《"十三五"健康老龄化规划》(以下简称《规划》)。《规划》中提到要"推进老年人健康促进与教育工作,提升老年人健康素养"①。我国正在大力发展"互联网 +",这项席卷全社会的创新工程对于农村老年人来说,却是很难融入进去的。传播学者罗杰斯在《创新的扩散》一书中把创新的采用者分作 5 类,即创新者、早期采用者、早期众多跟进者、后期众多跟进者、滞后者。他认为:"一般来说,接受者认为有较多的相对优越性、兼容性、可试验性、可观察性以及更少复杂性的创新比其他创新将更快被人们采用。"②通过调查可以看到,农村老年人会上网、会玩微信的并不多。罗森和韦尔研究了也许能够解释回避技术现象的人口特征和心理特征,他们认为,"根据某些识别因素可以推断愿用或者不愿用 32 种职业和消费技术的成年人的一些特征。这些特征按重要程度的顺序依次排列为:年龄、技术恐惧症、电脑技能培训以及收入"③。

农村老年人因为年龄、教育、收入等各种原因处于接受创新中的滞后者,网络技术的运用对于他们来说是最大的障碍和壁垒,因此,建议政府重视老年人互联网使用的宣传教育和培训工作,出台农村老年人互联网学习、培训等方面的优待政策,比如可以利用春节前后农民工返乡高峰时期,组织人员到农村展开宣传与培训,手把手地教农村老年人学会利用网络获取健康信息,提高信息识别能力。

2. 开发新的健康信息内容与传播方式,满足老年人对健康信息的选择与需求

1970 年,美国传播学家蒂奇诺等人在一系列实证研究的基础上,提出了这样一种"知沟理论"假说:"随着大众传媒向社会的信息日益增多,社会经济状况较好的人将比社会经济状况较差的人以更快的速度获取这类信息。因此,这两类人之间的知识沟将呈扩大而非缩小之势。"④为了缩小"知识沟"就必须选择适合信息贫困者的传播方式和传播内容,应根据农村老年人的实际情况改善传播内容和传播方式,最大可能地满足农村老年人的健康信息需求。

---

① 于娟. 13 部门联合印发《"十三五"健康老龄化规划》[EB/OL]. (2017-03-29)[2019-09-30]. http://health.people.com.cn/n1/2017/0329/c14739-29176696.html.

② 罗杰斯. 创新的扩散[M]. 辛欣,译. 北京:中央编译出版社,2002:16.

③ 赛佛林,坦卡德. 传播理论:起源、方法与应用[M]. 郭镇之,译. 北京:华夏出版社,2000:235.

④ TICHENOR P J. Mass communication and differential growth in knowledge[J]. Public opinion quarterly,1970(2):158.

有研究指出,个人动机是寻求信息的一个重要因素。当寻求信息的动机非常强烈的时候,知识沟会缩小而不是扩大。通过调查可以看出,农村老年人有强烈的意愿与动机,愿意获取与自身疾病相关的健康信息内容。因此,在健康信息的传播上,应该根据农村老年人的身体状况与兴趣特征,有针对性地推送健康信息。如针对农村老年人慢性病较多,可以有针对性地推送有关慢性病的相关常识;针对农村老年人识字不多、文化水平有限的实际情况,开发健康信息语音与视频传播 App,向农村老年人定点推送;组织专业人员深入农村针对 App 的安装、微信公众号的订阅举办培训等。

3. 寻求政策支持,重视农村老年人长效、持久的行为改变

调查结果显示,农村老年人在将健康知识转化为长期性的行为改变方面效果较差,这是因为,目前我国健康促进还处于起步阶段,"重视的是对健康知识的传播,目标主要是提高某一健康知识的'知晓率',针对改变行为的干预活动还不够深入和扎实"①,特别是在广大的农村地区,利用现代传媒传播健康知识还远远不够,更别提落实到行动上。

鉴于此,在针对农村老年人开展健康促进时,"应该努力开发能够激发目标人群身体行为变化的干预方案,将能够评估线下活动水平的高度参与(High Engagement)作为健康传播项目评价的关键绩效指标"②。加大政策的支持力度,组织相应的队伍深入农村地区对农村老年人的健康行为实施引导与干预;制定专门的健康信息管理法律法规,对充斥在农村地区的伪健康信息展开整治,提高农村老年人对虚假健康信息的辨别能力,为农村地区公益性健康传播活动提供更多的资金和投放渠道支持。

〔彭晶晶,江西农业大学人文学院讲师,南昌大学新闻与传播学院 2019 级博士研究生,主要研究方向:乡村传播、健康传播;邓恒娴,江西农业大学人文学院新闻专业 2015 级本科生,主要研究方向:乡村传播〕

① 陈小申. 中国健康传播研究:基于政府卫生部门的考察与分析[M]. 北京:中国传媒大学出版社,2009:19.

② 李有强. 从大众传媒到社交媒体:美国借助现代传媒开展健康促进的发展动向与启示[J]. 体育科学,2017(6):59.

新华社、美联社“中美贸易争端”报道在海外社交平台的影响力比较研究

——以 Facebook 平台相关公共账号为例

常力轩　梁笑然　张　天

【摘要】FCI 指数和 LIWC 文本分析发现,新华社相关报道在影响广度上较美联社具有不显著优势;在影响深度方面,新华社和美联社各具优势,美联社较新华社受众情绪引导效果显著,新华社较美联社更能吸引意见领袖关注。建议中美主流媒体在社交平台的国际争端报道中要多用“两面提示法”写作,用心做好新闻;要改革报道语态,真正融入社交媒体的交流语境。

【关键词】新华社　美联社　中美贸易争端报道　社交平台　影响力

2019 年 1 月 25 日,习近平在十九届中共中央政治局第十二次集体学习时强调,要“催化融合质变,放大一体效能,打造一批具有强大影响力、竞争力的新型主流媒体”①。数据显示,截至 2019 年 6 月,我国手机即时通信用户达 8.25 亿,手机网络新闻用户达 6.60 亿。② 可见,新型主流媒体要实现在新时代的影响力、竞争力扩张,移动端、社交网络无疑是其市场竞争的核心阵地。尤其在重要的国际争端事件发生时,谁能够及时发声、有效引导受众,谁就能够在世界舆论战场抢得先机。本文以“中美贸易战”这一近期重大国际争端事件作为切入点,选择国际社交平台上新华社、美联社两家知名通讯社的公众号作为分析对象,对比其关于中美贸易争端的相关报道与用户反馈,希望能找到提升我国主流媒体国际影响力的途径。

---

① 习近平.加快推动媒体融合发展 构建全媒体传播格局[EB/OL].(2019-03-15)[2019-09-15].http://www.qstheory.cn/dukan/qs/2019-03/15/c_1124239254.html.

② 中国互联网络信息中心.第 44 次中国互联网络发展状况统计报告[R].北京:CNNIC,2019.

一、测评依据

目前国内外关于社交媒体影响力研究的评价指标有多个，由希拉特丁（Shiratuddin）等人于2014年提出的SMIA社交媒体影响力测评模型是其中之一。该模型由活动生成、认知、公信力三个一级指标和评论数、转发数、分享数、点赞数、好友/关注者/访问者数量、站内链接数、信息展现形式类型、事实性错误报道数、超链接引用数等九个二级指标构成①。此外，郑丽勇等人提出包括广度、深度、强度和效度等四个因子在内的媒介影响力评价指标体系，在中国学界有着广泛影响力。他们构建的媒介影响力乘法指数计算公式——媒介影响力 = 受众规模（万人）× 平均接触时间（小时/人）× 可信度（%）×（1 + 主流人群比率%）②，屡被研究者采用。而对本文有直接借鉴意义的评价指标则是清博大数据平台的BCI（Micro-blog Communication Index）微博传播指数，该指标主要通过账号活跃度和传播度两大维度来评价原发微博的传播力，采用数据包括：发博数、原创微博数、转发数、评论数、原创微博转发数、原创微博评论数、点赞数（见表1）。该评价指数有着较高权威性，被多个部委级国家部门和中央级媒体机构采用。

表1　BCI相关指标与权重③

活跃度 W1 （20%）	发博数 X1（30%） 原创微博数 X2（70%）	传播度 W2 （80%）	转发数 X3（20%） 评论数 X4（20%） 原创微博转发数 X5（25%） 原创微博评论数 X6（25%） 点赞数 X7（10%）
标准化：X′ = ln（X + 1）			

现有的社交媒体影响力评价指标多易于将影响力标准量化，尽管便于实证统计，但也存在统计模式较为刻板、无法反映微观层面影响力发生的真实细节等缺点。鉴于此，本文又借鉴了质性的文本分析法，通过对相关用户评论的语言细节分析，评估传者的主观意图与受众接受心理间的差异，进而考评中美两国代表性主流媒体在社交平台上的实际有效影响力。

① HASSAN S, SHIRATUDDIN N, HASHIM N L, et al. Evaluating social media: towards a practical model for measuring social media influence[J]. International journal of interactive communication systems and technologies (IJICST), 2014, 4(2): 33-49.

② 郑丽勇. 媒介影响力乘法指数及其效度分析[J]. 当代传播, 2010(6): 22.

③ 清博指数. 微博传播指数 BCI(V9.0)[EB/OL]. (2019-08-24)[2019-10-31]. http://www.gsdata.cn/site/usage-2.

二、比较思路

首先,利用Facebook平台自带的主页帖子搜索功能,对China Xinhua News(新华社英文账号)和AP(美联社英文账号)两个公共账号发布的所有帖子进行以“China Us Trade”为关键字的搜索,并选择2018年3月1日至2019年8月31日间发布的帖子作为分析对象。

其次,运用Google Chrome网页数据提取插件Web Scraper对所有搜索到的帖子进行文本和数据抓取。

再次,借鉴微博传播指数评价公式,分别计算新华社和美联社各自关于中美贸易争端报道在Facebook平台的影响力指数——FCI(Facebook Communication Index),进而了解中美主流媒体有关报道在社交平台的影响广度。计算公式设计如下:

$$FCI = (20\% \times W1 + 80\% \times W2) \times 160$$

$$W1 = 100\% \times \ln(X1 + 1)$$

$$W2 = 45\% \times \ln(X2 + 1) + 45\% \times \ln(X3 + 1) + 10\% \times \ln(X4 + 1)$$

X1 = 发帖数　X2 = 分享数　X3 = 评论数　X4 = 点赞数①

最后,运用文本分析软件LIWC(Linguistic Inquiry and Word Count)对所有帖子的报道内容与用户评论进行语言层面的量化分析(不含报道链接内容和用户间互动回复,因为这些内容都不是针对原帖子报道内容的),对比新闻报道与用户评论的情绪基调一致性以及相关报道对意见领袖的吸引力,进而把握相关报道在受众中的影响深度。

三、比较结果

本研究从广度和深度两方面来比较新华社、美联社在Facebook平台上有关“中美贸易战”相关报道的影响力。影响广度主要反映媒体信息传播的宏观覆盖面,包括受众人数、接触比率等,测评指标依据FCI计算公式;影响深度主要反映媒介信息对受众心理的影响,被受众认可的程度,测评依据主要是LIWC提供的语言文本量化比较。

① 因为本研究统计周期内的所有相关帖子均为主体账号原创,所以FCI计算公式在设计时不考虑原创帖与非原创帖的区别。

(一)影响广度:新华社较之于美联社具有不显著优势

依据FCI测评公式,新华社、美联社在Facebook平台关于中美贸易争端报道的影响力指数分别为1358.72和982.08(见表2),新华社具有376.64个点的影响力领先优势。但是,依据FCI测评规则,影响力指数并无上限,所以这不到400个点的优势并不算显著(相当于微博日榜单第一名到第十名之间的差距)。而且,考虑到Facebook平台China Xinhua News和AP两个公共账号原本巨大的粉丝数量差异(6627万:72万),新华社、美联社在社交平台对此次中美贸易争端报道的影响广度差异可以说并不大。另外,笔者注意到,在新华社发布帖子的评论区和点赞区存在着大量亚、非、拉籍粉丝;而美联社账号下则以欧、美籍粉丝的评论居多,在Facebook这个主要是西方用户主导话语权的社交平台上,新华社关于中美贸易争端报道的影响广度进一步打了折扣。因而,在中美贸易争端报道影响广度上,新华社较美联社具有不显著优势。

表2 新华社、美联社Facebook平台中美贸易争端报道影响广度比较

账号	发帖数X1	分享数X2	评论数X3	点赞数X4	W1	W2	FCI
China Xinhua News	139	6007	9999	513859	4.94	9.38	1358.72
AP	16	832	1374	1242	2.77	6.99	982.08

(二)影响深度:新华社与美联社之间各有优势

LIWC语言探索与字词计数软件是一款由美、中等多国学者联合开发的主要针对文本词语进行心理学层面分析的量化统计软件,其统计结果由四个摘要变量(Analytical Thinking, Clout, Authenticity, Emotional Tone)以及一系列分析变量组成。因为LIWC良好的信效度,该工具已被研究者运用于社会学、新闻传播学等多学科领域。本研究运用LIWC软件研究新华社、美联社相关报道影响深度主要从受众情绪引导效果和吸引意见领袖程度两方面展开。

1.引导受众情绪:美联社报道较新华社报道效果显著

作为一种发源于心理学文本分析的测量工具,LIWC可以有效检测一个测量文本中的积极情绪词和消极情绪词占比,并估算文本创作者的情绪基调(Emotional Tone)。本研究将新华社、美联社关于中美贸易争端报道的所有Facebook原创帖子与相关评论导入LIWC,所得情绪引导比较结果如下:

表 3 新华社、美联社 Facebook 平台中美贸易争端报道受众情绪引导情况比较①

LIWC 测量维度	China Xinhua News		AP		社交媒体平均值
	报道帖	评论帖	报道帖	评论帖	
情绪基调	9.57	42.6	1.85	25.02	63.35
积极情绪词	2.69	3.88	1.53	3.22	4.57
消极情绪词	4.00	2.96	4.42	3.27	2.1

统计显示,由于新华社、美联社关于中美贸易争端报道的情绪基调均偏向消极,所以相关的受众评论基调值也呈现出消极倾向;但是美联社受众评论的情绪基调值较新华社受众评论的情绪基调值更接近于对应的报道情绪基调值,前者(42.6 - 9.57 = 33.03)比后者(25.02 - 1.85 = 23.17)领先近 10 分,在满分为 100 分的标准化计分模式下,这已经近乎显著性差距。

在另一项与受众引导效果息息相关的指标——表达真实感上,也是美联社报道较新华社报道具有一定优势。LIWC 分析显示,美联社报道帖的真实性(Authenticity)值为 16.42,而新华社仅为 6.73,二者相差近 10 分。根据 LIWC 的设计和分析原理,Authenticity 值(满分 100)得分越高,则意味着表达态度越诚实、率真。

2. 吸引意见领袖:新华社报道较美联社报道效果显著

根据传播学原理,意见领袖是媒介信息传播的重要中间环节,因此中美主流媒体的相关报道能否吸引足够多的社交平台意见领袖的关注,对其最终的传播效果将会有直接影响。在 LIWC 的四个摘要变量中,分析性思维(Analytical Thinking)变量和影响力(Clout)变量恰恰与意见领袖的特质相吻合:分析性思维变量的得分越高,则相应文本创作者的理性逻辑思维能力越强;而影响力变量的得分高低不仅反映文本创作者社会地位的高低,还体现其自信心、领导能力的强弱。因此,本研究利用 LIWC 的分析性思维变量和影响力变量来考评中美主流媒体相关报道对意见领袖的吸引力。

表 4 新华社、美联社 Facebook 平台中美贸易争端报道吸引意见领袖情况比较②

LIWC 测量维度	China Xinhua News		AP		社交媒体平均值
	报道帖	评论帖	报道帖	评论帖	
分析性思维	97.73	72.45	97.09	58.7	55.92
影响力	68.48	71.27	67.08	74.2	55.45

① 表中情绪基调值为 100 分制计数,0 = 非常低,100 = 非常高;情绪词值为相关情绪词数量在测量文本总词数中的百分比,积极情绪词如 happy、love、nice 等,消极情绪词如 cried、worried、hate 等;社交媒体平均值为 LIWC 研究组在综合分析 Facebook、Twitter、Blog 等社交平台数据后得出。

② 分析性思维值、影响力值均为 100 分制计分方式。

LIWC 测评结果显示,无论是新华社还是美联社的相关受众评论影响力得分均较社交媒体平均值有 15 分以上的优势(71.27 - 55.45 = 15.82;74.2 - 55.45 = 18.75),这说明关注中美贸易争端报道的人群,其社会影响力不容小觑,他们中存在大量的社会精英人物。

统计显示,新华社相关受众评论的分析性思维得分较社交媒体均值高出了近 17 分(72.45 - 55.92 = 16.53),说明关注新华社报道的人群中应该存在大量知识分子,他们受过良好的高等教育,具备较强的理性分析问题的能力,是社会中潜在的意见领袖。对比美联社相关受众评论的分析性思维得分,新华社得分要高出近 14 分(72.45 - 58.7 = 13.75),这说明新华社关于中美贸易争端的相关报道比美联社报道吸引了更多社会意见领袖的关注,具备了影响力扩大的潜能。

四、研究建议

通过比较发现,新华社相关报道在影响广度上较美联社具有不显著优势;在影响深度方面,新华社和美联社各具优势,美联社较新华社在受众情绪引导效果方面显著,而新华社较美联社更能吸引意见领袖的关注。同时比较研究中显露的一些差距和问题,依然值得相关媒体思考和改进。

(一)多用“两面提示法”写作

如前文所述,美联社此次相关报道的受众情绪引导效果较佳,仔细分析其报道帖子内容会发现,美联社更多运用了“两面提示法”进行写作,即在报道中将新闻事实各方的观点,甚至是不利于己方的观点都予以阐述和展示,诸如“Trump frequently boasts that…”“but for many businesses…”的写法在其报道中大量存在。而新华社的报道则更多地运用“一面提示法”进行写作,帖子内容更多的是对自己所持立场的证明性论述或人物言论引用。根据著名传播学者霍夫兰(Carl Hovland)等人的实验结论,对文化水平较高的人群运用“两面提示法”的说服效果更好[①]。而前文分析已经揭示,新华社相关报道的主要受众正是高知人群,因此建议新华社相关人员在新闻采编过程中须秉持平衡原则,不必过于在意宣扬自己的立场,展示适当的反面意见反而会让受众觉得新闻更客观、更公正。

---

① 郭庆光. 传播学教程:第二版[M]. 北京:中国人民大学出版社,2011:185.

另外,统计显示,新华社关于中美贸易战的报道数量是美联社报道数量的近9倍;新华社视频报道数量达到83篇,而美联社视频报道数量为0;在图片报道方面,也是新华社占据绝对优势(99:16)。这些事实说明,新华社相关报道较美联社在影响广度方面具有优势不是偶然的,以新华社为代表的中国主流媒体正在努力寻找新媒体报道的突破口,竭尽全力用心做好各种形式的新闻,以丰富多彩的报道来吸引广大海外受众。

(二)真正融入社交媒体交流语境

克莱・舍基认为:"社会如何成为更人性的,更有人情味的?互联网的终极意义,社会化软件的终极意义,就在于解决这个问题。"①营造平等交流的语境是实现社交媒体人性化、人情化的有效手段。在LIWC的统计指标中,社会过程词(Social Words)是人们在正常社会交往时的常用词语,认知过程词(Cognitive Processes)则反映人们日常认知事物时的情况,它们都是社交语境中人们平等交流的惯用词汇②。但统计显示,无论是新华社还是美联社,其报道中的社会过程词和认知过程词使用量均较社交媒体平均值有一定差距,在报道帖中差距尤其明显(见表5)。新华社和美联社在社会过程词和认知过程词这两个使用指标上的明显不足,说明它们距离真正融入移动端社交媒体的交流语境都还有一定差距。

表5 新华社、美联社 Facebook 平台中美贸易争端报道中社会过程词、认知过程词使用情况③

LIWC 测量维度	China Xinhua News		AP		社交媒体平均值
	报道帖	评论帖	报道帖	评论帖	
社会过程词	5.81	8.16	5.78	10.39	9.71
认知过程词	6.31	10.14	5.61	10.56	10.77

进一步分析发现,无论是新华社还是美联社,二者在 Facebook 平台上发布的帖子都过度依赖原通讯社的记者供稿,双方95%以上的帖子都源自链接新闻,甚至帖子内容就是对链接新闻导语的简单复制;而在相关留言评论区也完全看不到与粉丝的交流互动。这种照搬传统媒体的做法、"换汤不换药"的新闻报道显然无法适应新媒体受众的口味,在与从社交平台"土生土长"起来的自媒体竞争时,主流媒体难

① 舍基. 人人时代——组织的组织力量[M]. 胡泳,沈满琳,译. 杭州:浙江人民出版社,2015:译者序 IX.
② 社会过程词如 mate、talk、they、mom、boy 等;认知过程词如 cause、know、think、should、but 等。
③ 社会过程词值、认知过程词值均为相关词语数量在测量文本总词语数中的百分比。

免会败下阵来。因此,希望中美两国主流媒体能够采取有效措施,取长补短,从改革报道的语态入手,用更加包容的风格进行新媒体写作,以朋友般的平等姿态走近移动端社交用户。

〔常力轩,河北传媒学院影视艺术学院副教授,韩国圆光大学2019(春)级新闻放送专业博士生,主要研究方向:新闻纪实;梁笑然,河北传媒学院影视艺术学院副教授,主要研究方向:新媒体传播;张天,河北传媒学院影视艺术学院讲师,主要研究方向:广播电视学〕

影视文化

论我国“新时代主旋律电影”的形成和发展

赵保峰　杨　博　王淑慧

【摘要】新时代主旋律电影,是指党的十九大以来,中国特色社会主义进入新时代后,将社会主义核心价值观和习近平关于文艺创作新理念运用于电影创作中,在继承主旋律电影特点的基础上形成的,秉持“类型电影手法 + 本土故事 + 爱国内核”的新的制作理念的电影。新时代主旋律电影的产生经历了三个阶段,即主旋律电影类型形成固化阶段、主旋律电影类型突破探索阶段和新时代主旋律电影产生和形成阶段。新时代主旋律电影的问世,主要由党和政府正确的文艺理论和文化政策引领、受众文化需求和审美水平提升的驱动等内因以及好莱坞类型电影影响等外因的综合作用促成。

【关键词】新时代主旋律电影　党的十九大　《战狼 2》

主旋律电影作为国家政策宣传和引导社会精神文化的主要渠道,近四十年来一直作为中国电影不可或缺的一个重要类型,在璀璨的中国电影史中呈现了浓墨重彩的一笔。它像一个历史的记录者,在不同的历史时期呈现出不同的特点,除了让观众了解到我国在近代不同时期的重大事件和典型人物外,还能反映当时的国家文化宣传导向和受众的需求。本文尝试对十九大后中国进入社会主义新时代,中国主旋律电影的形成和发展的原因进行分析。

一、“新时代主旋律电影”的界定

“主旋律”源自于音乐领域的专业术语,指多声部演唱或演奏的音乐中,一个声部所唱或所奏的主要曲调,其他声部只起润色、丰富、烘托、补充的作用①。而“主旋律电影”最早提出则是在 1987 年初的“全国故事片创作会议”上,时任广电部电影局局长滕进贤提出了“突出主旋律,坚持多样化”的电影发展方向,这是关于“主旋律电影”的

① 中国社会科学院语言研究所词典编辑室. 现代汉语词典(第 6 版)[M]. 北京:商务印书馆,2012:1701.

最早表达①。“主旋律电影”是指能充分体现主流意识形态的革命历史重大题材影片和与普通观众生活相贴近的现实主义题材、弘扬主流价值观、讴歌人性人生的影片。②

笔者认为，主旋律电影应当是一个不断发展的概念。在对我国主旋律电影各个阶段的发展特点进行分析的基础上，特别是对我国社会主义走进新时代后主旋律电影呈现出的新的形态和特点认识的基础上，笔者建议，可将这一时期出现的一批较有融合性、创新性制作特点和模式的主旋律影片命名为“新时代主旋律电影”。它的内涵可作如下表述：党的十九大以来，中国特色社会主义进入新时代后，将社会主义核心价值观和习近平关于文艺创作新理念运用于电影创作中，在继承主旋律电影特点的基础上形成的，秉持“类型电影手法＋本土故事＋爱国内核”的新的制作理念的电影。该定义蕴含三层需要强调的要素：首先，是对于“新时代主旋律电影”出现时间的界定，在党的十九大后（具体时间是在2017年）以电影《战狼2》的上映作为标志。其次，“新时代主旋律电影”创作的理论依据，是以党的十八大、十九大以及文艺座谈会等一系列对于文艺工作的新要求、新思想作为基础，电影创作中凸显“文化自信”“讲好中国故事”“弘扬中国精神”等新时代主旋律。最后，新时代主旋律电影的继承和发展关系。它是在继承了主旋律电影反映革命历史事件、重大历史题材、典型先进人物、弘扬主流思想等特点的同时，创新性地将好莱坞的类型电影的商业元素运用其中，增加了自身的趣味性和娱乐性，能够很好地达到吸引受众、寓教于乐的目的，并将“爱国”“自信”等理念融入其中，达到艺术性与思想性的完美融合的新的电影创作模式。

二、新时代主旋律电影的形成阶段及特点

新时代主旋律电影并不是突然出现的，它经历了若干发展阶段，充分借鉴和吸收了我国主旋律电影的发展成果而水到渠成。因此，考察新时代主旋律电影的历史发展，必须分析和归纳我国主旋律电影从提出理念到逐渐形成，不断蜕变创新，再到新时代主旋律电影最终问世的整个过程。这个过程历时40年，可划分为三个发展阶段。

（一）第一阶段（1989～2008年）——主旋律电影类型形成固化阶段

该阶段以1989年上映的电影《开国大典》作为开端的标志，主旋律电影开始登上历史舞台，并且迅速形成了两大类型：

---

① 李青松. 我国主旋律电影的历史及发展趋势[J]. 新闻世界，2015(3)：57.

② 主旋律电影[EB/OL]. (2019-12-13)[2019-12-31]. https://baike.baidu.com/item/%E4%B8%BB%E6%97%8B%E5%BE%8B%E7%94%B5%E5%BD%B1/927331? fr=aladdin.

类型一:以反映重大革命历史事件和重大现实事件为主要题材,代表作有《国歌》《重庆谈判》《秋收起义》《我的长征》《青藏线》《惊涛骇浪》等。这一类型的主旋律电影呈现出以下几个主要特点:一是以革命历史和重大现实事件为题材,如反映国共两党合作的革命历史题材电影《重庆谈判》、反映青藏线铁路修建的现实题材电影《青藏线》;二是正面人物形象从“高大全”变得有血有肉,无论是《开国大典》《重庆谈判》中的毛泽东、周恩来等伟人形象,还是《青藏线》《惊涛骇浪》中的勘探队员于明远、军长张子明,他们不仅有忧国忧民、舍生忘死的大爱大义,也有自己的情感世界、七情六欲,人物的塑造更加真实、全面;三是对于反面角色的塑造从扁平化变得更加立体,打破传统红色题材影片中反面人物被塑造成凶狠、残暴、阴险、狡诈等单一形象,而使反面人物形象有了人的正常情感,如《开国大典》中的蒋介石等;四是对于事件的还原更加客观真实,在还原革命历史和现实题材事件的同时,更加入对于事件细节的刻画,许多鲜为人知的内幕开始出现在大屏幕上,让观众更容易了解事件真相,被细节所打动,如《开国大典》把北京当时特务破坏活动猖獗等细节首次搬上银屏。

类型二:以反映大时代背景下的典型人物为主要题材,代表作有《蒋筑英》《生死牛玉儒》《铁人王进喜》《郑培民》《任长霞》《我是医生》等。该类主旋律电影的主要特点有三个方面:一是叙事视角从“仰视”变为“平视”,表现人物更加生活化,注重对人物情感世界的刻画;二是视听语言的使用从刻意突出到平常塑造;三是生活化的情节成为主流。在之前的红色题材影片中,所塑造的党员形象绝大多数都是虚构人物,且在形象塑造上多取仰视视角。他们是革命的引路人,带领普通大众走上光明之途,如《红色娘子军》里的洪常青、《青春之歌》里的卢嘉川、《烈火中永生》里的许云峰等。而在类型固化阶段的主旋律电影中,这类人物的塑造被转换成平视视角。在影像修辞上,原来偏好的给主人公仰拍、大特写、明光等手段,被平拍、中景和自然光效取代,剧中人物与主人公多处于平行视线交流状态。而更重要的是影片在诠释主人公和剧中群众或下属关系时的一种态度改变。主人公虽然有时也慷慨激昂,但大部分时间都是平易的,甚至可以说是放下身段的。如《焦裕禄》中,焦裕禄为了劝阻准备逃荒的人们返家,使用了一种近乎是乞求的语气;《孔繁森》中,孔繁森深入牧区,为藏族老奶奶看病,甚至将其冻伤的双脚放在自己怀中取暖①,这些细节的刻画使人物更加鲜活,情节更易于让观众接受。

① 彭涛. 主旋律电影再塑集体记忆的方式[J]. 江汉论坛,2011(10):33.

（二）第二阶段（2009～2017 年）——主旋律电影类型突破探索阶段

这一时期中国电影人开始不断探索尝试，主旋律电影试图打破政府扶持、叫好不叫座的僵局。以 2009 年上映的《建国大业》《风声》作为第二阶段的开端，开始了主旋律电影新的探索。这一阶段呈现出两个突出的趋势。

趋势一：实现类型电影的元素与主旋律电影的结合，代表作有《风声》《智取威虎山》《十月围城》《湄公河行动》等。主要特点表现为三个方面：一是将动作片、谍战片、爱情片等类型片的元素运用其中；二是人物塑造开始注重与类型化人物特性结合；三是注重情节的戏剧冲突。此阶段开始将好莱坞式的商业电影元素运用于主旋律电影中，如《智取威虎山》《湄公河行动》将动作片与主旋律题材结合，在影片中加入大量的动作设计，追逐打斗、爆炸枪战场面，提升了视听感受。深入匪巢的杨子荣、在金三角对抗毒贩的缉毒队长高刚等人物，都进入“孤胆英雄救世界”的模式，主人公在执行任务的过程中，擅长使用各种武器和交通工具与敌人斗智斗勇，最后凭借一己之力捣毁敌巢。再加上强化情节冲突的设置，如《智取威虎山》中杨子荣打虎一段，有意识地夸张放大了老虎的体积，使杨子荣如同面对一头远古巨兽，情节由此显得更加紧张刺激。这些元素的加入极大地提升了此类影片的可看性，也得到了观众的追捧。

趋势二：将明星元素与主旋律电影结合，代表作有《建国大业》《建党伟业》《辛亥革命》等。这种趋势凸显出两个方面的特点：一方面是全明星阵容成为吸引观众的法宝；另一方面是影片内容延续主旋律电影的叙事特点。该趋势的特点比较简单明了，在题材、叙事、人物塑造等方面并没有突破，吸引更多观众走进电影院的法宝来自于参演明星的号召力。仅《建国大业》一部影片中就有 30 多位明星参演，基本每一场戏中都会有新的明星登场，很多明星都是公益客串演出，但不得不说这成为影片的一大亮点。

（三）第三阶段（2017 年至今）——新时代主旋律电影产生和形成阶段

前两个阶段近 40 年的探索，为新时代主旋律电影的出现和形成做好了制作技术、创作人才、推广手段和受众等多方面的准备。但真正给新时代主旋律电影注入精神内涵的则是在中国共产党第十九次全国代表大会后，习近平的新时代治国理政思想中对于我国文化事业的一系列理论在社会中被广泛认可和践行，为新时代主旋律电影的出现奠定了思想基础。该阶段以主旋律电影《战狼 2》在国内创造近 57 亿票房神话作为重要标志，这一时期的代表作有《战狼 2》《红海行动》《我和我的祖国》《中国机长》《攀登者》《流浪地球》等，我们可以从以下三个方面把握其主要特点：首先，将体现“热爱祖国、民族自豪”作为影片的核心内容；其次，将思想性、娱乐性较完美地融合，达到商业和意识形态传递之间的平衡;最后,既叫好又叫座,成为电影市场的主流类型。主旋律电影在不断摸索、融合、创新后终于形成了"类型电影手法 + 本土故事 + 爱国内核"的新时代主旋律电影的制作模式。在社会主义核心价值观的引领下,"爱国"成为每一个中国人的内在需求,而改革开放40年取得的成果让"为国自豪"成为每一个中国人的精神需求。于是中国电影人敏锐地捕捉到了广大受众的需求,将好莱坞的商业电影模式、本土文化和爱国主题有机融合,创造出了既具有冲击力的视听画面又具有亲近感和自豪感的情节、人物,在商业和艺术之间找到了平衡,也获得了观众的追捧。如电影《战狼2》讲述了脱下军装的主人公冷锋被卷入了一场非洲国家的叛乱,本来能够安全撤离的他无法忘记军人的职责,重回战场展开救援的故事。该片不仅以近57亿的高票房获得中国电影市场单片票房第一,还获得2017中国—东盟电影节最佳影片奖、第二届澳门国际影展亚洲人气电影大奖以及第17届中国电影华表奖优秀故事片奖,成为商业与艺术融合成功的典范。其后的《红海行动》《我和我的祖国》《中国机长》《攀登者》等都参照此模式进行创作,也取得了巨大成功。新时代主旋律电影开始成为中国电影市场的主流。

三、新时代主旋律电影问世的成因分析

(一)科学的文艺理论和政策引领

党的十八大以来,以习近平同志为核心的党中央高度重视文艺事业,习近平同志在文艺工作座谈会,中国文联十大、中国作协九大开幕式等重要场合发表了一系列做好新时代文艺工作的重要论述。繁荣文艺、促进创作的政策密集出台,中共中央发布的《关于繁荣发展社会主义文艺的意见》及中共中央办公厅、国务院办公厅印发的《关于实施中华优秀传统文化传承发展工程的意见》等重要文件,为文艺发展提供了坚实有力的政策保证。党的十九大更把文化强国建设热潮推向时代高点,强调文化事关民族复兴伟业,文化为人民的美好生活提供精神食粮,文化提供精神指引,文化关乎时代新人的培养。这些论述和政策深刻回答了新的历史条件下文艺工作方向性、全局性的重大问题,丰富和发展了马克思主义文艺理论,成为习近平新时代中国特色社会主义思想的重要组成部分,为社会主义文艺在新时代的繁荣发展指明了道路。①

---

① 周玮,史竞男,王思北.奋力书写中华民族新史诗——写在习近平总书记文艺工作座谈会重要讲话发表五周年之际[EB/OL].(2019-10-14)[2019-11-30].http://news.youth.cn/sz/201910/t20191014_12093788_1.htm.

新时代的文艺工作者特别是中国电影人积极响应号召，到人民群众中深入生活、深入实际，扎根中国大地积极挖掘具有中国本土特色的题材展开创作，一批具有时代特征、能够满足人民群众心声和需求的作品陆续涌现。如从小人物的视角反映新中国重大历史时期的《我和我的祖国》，反映四川航空公司3U8633航班机组成功处置特情真实事件的《中国机长》等一批反映现实、弘扬爱国情怀、彰显民族自信的中国好故事越来越受到广大观众的追捧。由此可以看出在党的十八大之后，对于文化倡导的一系列理念开始在广大人民心中开花，在党的十九大后开始结果。人民对于文化产品的需求开始从单纯的娱乐，变为满足精神层面多层次的需求，而抒发爱国情怀和民族自豪感是多种精神需求的重要内容。广大受众的这种精神需求为新时代主旋律电影的出现奠定了思想基础。

（二）受众文化需求和审美水平的提升

中国电影经历过从1978年到1992年的辉煌时期，那时电影作为国人最主要的娱乐方式，观影人数达到过300亿人次；也经历了从1993年到2000年的大萧条时期，中国电影这10年的产量不到100部，平均年票房不足10亿元。[①] 2003年，中国电影开始从10亿元票房起步，经过中国电影人十几年的不懈努力，2018年的中国电影总票房达到609.76亿元。从数据可以看出，在经过电视、网络等不同娱乐载体的冲击后，电影又重新找到了自己的定位，观众又重新回到影院。在这一过程中，观众的兴趣和关注点不断地发生着变化，欣赏水平也在不断提高。从20世纪90年代初迷恋好莱坞大片，仅有几个国内大牌导演的电影受追捧，到2000年初开始热衷大制作、大明星、话题性，再到2010年后热捧IP题材、流量明星，直到2017年前后出现拐点，观众开始注重影片的内容、质量和口碑，注重本土文化和现实题材，这标志着我国的观众在经过漫长的电影市场洗礼后真正走向理性成熟。同时改革开放40年取得的成效，使得国民生活富足之后，对于高质量、有内涵、反映现实生活的文艺作品产生强烈的需求。正如习近平同志在党的十九大报告中对当前我国社会主要矛盾作出与时俱进的新表述，指出"中国特色社会主义进入新时代，我国社会主要矛盾已经转化为人民日益增长的美好生活需要和不平衡不充分的发展之间的矛盾"。上述原因为新时代的中国电影，特别是新时代主旋律电影的应运而生提供了良好的市场环境和成长土壤。

---

① 《2019中国电影产业研究报告》发布：有风雨也有彩虹[EB/OL].(2019-06-21)[2019-11-30]. http://www.sohu.com/a/322058896_260616.

(三)好莱坞类型电影的铺垫

如果说,上述两条是新时代主旋律电影产生和发展的内因的话,那么,好莱坞类型电影的引进就是一个重要的外在因素。好莱坞电影从形成体系时就确立了制片厂制度、类型电影、类型叙事、类型导演的模式。从1994年国内引进第一批好莱坞大片开始,中国观众就深深地被其独特艺术和商业魅力所吸引。从动作片、科幻片、恐怖片、黑帮片到爱情片、歌舞片、动画片,在长达二十多年的时间里,让中国观众逐渐习惯于带着某种心理预期走进电影院,去享受特定类型电影带来的快感,由此,中国观众逐步形成了对于类型电影的特定喜好和消费习惯。中国电影在1993年到2003年的低潮期,也是被好莱坞类型电影冲击最严重的阶段,那时的主旋律电影更是票房惨淡,只能靠政府扶持,得不到市场的认可。

党的十八大之后,中国电影人开始锐意进取、不断改革创新,在学习西方特别是好莱坞类型电影和制作理念的基础上,扎根中国文化挖掘本土好故事,开创了"类型电影手法+本土故事+爱国内核"的新时代主旋律电影的制作模式,迅速获得市场的认可和业界的口碑,使新时代主旋律电影成为电影市场主流。

中国电影经过百年岁月洗礼,经历过辉煌和落寞,始终步伐坚定,一代代电影人也不断继承和发展着我国的电影事业。在新中国七十华诞之际,在中国特色社会主义走进新时代、中华民族即将实现伟大民族复兴的历史节点,中国电影也实现了在国际领域从"追跑"到"并跑"再到"领跑"的转变。新时代的主旋律电影是在新时代的天时、地利、人和的共同作用下应运而生的,新时代主旋律电影必将在开创的新模式的不断完善和融合下,成为中国类型电影的主流。

〔赵保峰,河北传媒学院产教中心主任,讲师,主要研究领域:电视节目形态、影视剪辑、纪实作品研究;杨博,河北传媒学院影视艺术学院教师,副教授,主要研究领域:影视文化与媒介融合;王淑慧,河北传媒学院影视艺术学院副教授,主要研究领域:影视新媒体、影视文化〕

影视文化创意产业推进美丽乡村建设的途径与策略①

柴艳霞　杨东伶　杨丽坤

【摘要】影视文化创意产业以影视为核心媒介,促使多个行业和领域进行交融和碰撞,从而催发巨大的生产力。当影视文化创意产业与美丽乡村的建设相结合时,便可展开“你有故事,我有酒”的浪漫之旅。借助影视文化创意产业的巨大整合力和生产力,在多方力量的共同参与之下,以乡村丰富的历史地理文化资源为内容,深挖乡村文明、打造乡村文化产业基地、创办以乡村为主题的影视类比赛及产业论坛,是加快美丽乡村建设进程的有效途径。

【关键词】影视文化　创意产业　美丽乡村建设

一、影视文化创意产业与美丽乡村建设结合的背景

1998 年,英国政府在全球首次提出了“创意产业”的概念。这一个概念的提出加之英国政策的推动,使创意产业发展成为涵盖游戏、电影、动漫、音乐等多个领域的国家支柱产业,对英国 GDP 的贡献超过了金融服务行业。②

英国创意产业的成功充分表明创意产业具有巨大的行业整合力和经济推动力,引起了世界范围内其他国家的广泛关注。中国国家统计局数据显示,2016 年,我国文化创意产业占 GDP 的比重也首次突破 4%。③

文化创意产业涵盖的领域较为广泛,而以影视为载体的文化创意产业发展尤为迅猛。近几年,我国先后颁布了若干促进影视文化行业发展的重要文件,如《文化产业

---

① 本文为河北传媒学院重点科研课题“影视文化创意产业视域下的河北美丽乡村发展策略研究(项目编号:KT201704)”阶段性成果。

② 成晓叶,刘瑜. 英国文化创意产业特点与成就以及对中国的启示[C]//中国创新与企业成长(CI&G)2013 年度会议论文集,2013:145.

③ 罗昌智. 文化创意产业迎来黄金发展期 数字经济成为稳定增长新动力[R]//两岸创意经济研究报告(2017),2017:7.

振兴规划》《关于促进电影产业繁荣发展的指导意见》等,将影视文化行业的发展提升到一个前所未有的高度。影视文化创意产业主要以影视作为媒介,在影视文化作品生产和传播的过程中,带动其他相关行业的发展,从而形成各产业互相融合、渗透与促进的现代产业形态。中国是农业大国,农村发展问题关系到国计民生,历来受到政府重视,这几年尤甚。在 2013 年颁布的中央一号文件《中共中央国务院关于加快发展现代农业进一步增强农村发展活力的若干意见》中,首次提出了"美丽乡村"这一奋斗目标。习近平在 2013 年底召开的中央农村工作会议上重点强调,"中国要强,农业必须强;中国要美,农村必须美;中国要富,农民必须富",建设美丽中国,必须建设好美丽乡村。① 国务院办公厅《关于推进农村一二三产业融合发展的指导意见》中明确提出,要丰富创新创业形式,推进一二三产业的深度融合。文化部《"十三五"时期文化产业发展规划》的文件中提出,文化产业要带动相关产业加速融合,并且重点强调要振兴传统文化和工艺。这些传统文化和工艺大部分在农村,由于缺乏相应的保护和传承,有的濒临消亡,因此急需通过有效的媒体形式与运营机制,将其振兴与发展。

影视,既是一种媒介,也是一种手段,是人们喜闻乐见的媒体表现形式。将影视文化创意产业与农村的建设发展相结合,打破乡村已有的以生产经营农产品为主的生产生活方式,将乡村的资源实施整合设计与二次开发,通过发展创意农业,转变农业发展模式,将是实现社会主义新农村建设目标的一条创新之路。②

二、影视文化创意产业与美丽乡村建设结合的契机

影视文化创意产业是一个综合体,集影视、文化、创意、产业于一身。其中,影视是载体,文化是内容,创意是生产力,产业是生产方式,"生产和传播具有特定文化价值、表达民族或个人创造力的文化产品,形成具有规模经济和范围经济效益且产生较大文化影响的一种现代产业形态"③。简而言之,即通过人的创造力,利用影视生产过程中的物质文化资源及影视相关元素(视频、图片、声音等)来激发文化的生命力,带动相关产业发展,产生产业融合聚变效应。

影视文化创意产业与美丽乡村的建设相结合,是将乡村特有的物质文化资源通过设计与整合,生产具有乡村特色的影视文化产品或者因地制宜形成具有影视文化特色的乡村文化产业,产生一定的经济效益。比如一些乡村题材的影视作品,在生产制作

---

① 习近平在中央农村工作会议作重要讲话[J]. 中国水产,2014(1):1.

② 厉无畏. 创意改变中国[M]. 北京:新华出版社,2009:171-172.

③ 胡智锋,李继东. 中国影视文化创意产业的三大问题[J]. 现代传播,2010(6):62.

和传播过程中,会对当地的经济文化发展产生重要的影响,如果能够进一步地设计和开发,进而形成产业,有利于乡村的持续性发展。广受好评的系列电视剧《乡村爱情》,为辽宁省开原市松山镇康屯村带来了翻天覆地的变化。在拍摄之前,康屯村一带虽然景色优美,但并不被世人所知晓,因《乡村爱情》的热播,前来参观旅游的人络绎不绝。村里建起了农家乐,原本寻常的超市、饭店、豆腐厂都因为打上了影视符号特有的意义而一度成为参观热点,村庄附近的林带也建成了风景区,为村民带来了丰厚的经济收益。

三、影视文化创意产业助力美丽乡村建设的途径

我国乡村不仅拥有独特的地理形态,而且拥有丰厚的历史文化资源。这些资源是劳动人民智慧的结晶,承载着乡村的过去,孕育着乡村的未来。正因为有这些物质文化资源的存在,才彰显了乡村的独特性和厚重感。这些丰富的物质文化资源为影视文化创意产业提供了内容和条件,而影视文化创意产业与美丽乡村建设联姻将为乡村的发展插上飞翔的翅膀。

(一)挖掘乡村文化,摄制乡村文化影片,传播乡村文明

每个乡村都有自己的特色,也都有自己的发展历史。在乡村发展进程中,形成了独特的乡村风貌,也涌现出了一批奠基乡村文化的人物和事迹。这些物质资源和文化资源是乡村文化的主体和根基,见证了乡村的兴衰,同时也影响着村民的道德和行为,塑造着村民的个性和情怀。但对于这些内容,个别乡村能够做到简单的整理和记载,大部分乡村却只靠村民口口相传,不利于乡村文化的传承和扩散。随着时间的推移和时代的变迁,这些乡村文化资源往往会残缺或流失。因此,建议在政府的扶持下,吸纳企业或机构参与,联合乡村相关力量整理和开发其物质文化资源,设计和制作系列乡村文化影片,成立村史档案馆,打造乡村文化传播平台等。这不仅有利于乡村文化的传承与扩散,点燃人们对乡土乡风的眷恋之情,更能够增强村民自豪感和自信心。

笔者曾参与河北井陉大梁江村的系列文化影片摄制工作。河北井陉的大梁江村是河北传媒学院的实习基地,该村始建于元末明初,是曾经晋商的聚集地,晋商文化和明清风格建筑是该村的一大亮点。有关大梁江的历史,有一部分有文字资料记载,另一部分则通过村民口口相传,影像资料很少。为此,笔者与项目组其他成员对大梁江的资料展开搜集与整理,联合当地相关人员,制作了两部文化影片《宅家院的故事》和

《最美乡村大梁江》。《宅家院的故事》以文字记载中的武举人为原型,不仅展现了武举人的忠孝精神,还向世人展示了武举人的精妙院落——一宅九院。“武举人”和“一宅九院”至今都是大梁江的骄傲。《最美乡村大梁江》则是以人文纪录片的方式向世人展示了大梁江的历史文化及发展现状。两部影片都得到了当地村民的一致认可,对于大梁江的文化传承与传播起到了一定的推动作用。

(二)依托乡村特色,打造影视产业基地,盘活乡村资源

我国乡村数量众多,乡村的特点和风格不尽相同,如果能够依据乡村的特点、风格进行规划和设计,必然有利于乡村的建设和发展。比如上文中提到的大梁江村仅仅是河北井陉古村落群中的一个村落,这片古村落群中还包括小梁江、于家石头村、吕家村等,这些村落都是现今保存较好的明清古建筑群,在建筑上以石头为原材料,石屋、石路、石墙,配以木制门窗、雕梁画栋、飞檐斗拱,古朴厚重中不失精巧,让人叹为观止。这片古村落群无论从历史文化角度还是建筑角度,都具有极高的价值,因此常有游人、院校及创作团体前来参观和创作。在这一带村落及其周边的太行山脉,曾有《红色少年》《挂云山》《七个小八路》等20多部影视作品在此取景拍摄。但是,无论是旅游还是拍摄或其他创作行为,都是由村民个体单独对接,缺乏统一的组织与管理,不利于乡村的整体发展。针对类似于井陉古村落群的这种情况,建议对这些乡村资源及周边的自然资源统一规划、设计和管理,打造成立体的影视文化创意产业基地,分设文化旅游、影视产业、餐饮住宿、农产品销售等部门,各部门协调运作,充分盘活乡村资源,这样能够传播乡村文化,又能够解决村民就业问题,提高村民收入,一举多得。

(三)创办与美丽乡村有关的影视类比赛,提升乡村文明传播力度,吸引投资

乡村的美需要见证与传播。积极举办有关美丽乡村的影视类比赛,能够吸引广大制作团体或影视爱好者深入乡村,记录乡土乡情,制作出乡村题材的好作品,这不仅有利于乡村文化的传播,还有助于招商引资,加速美丽乡村建设进程。由中国广播电影电视社会组织联合会和中国农业电影电视协会主办的“美丽乡村国际微电影节”正是这样一种赛事,目前已成功举办了三届,得到100余家媒体支持及500余家媒体全方位宣传。2018年大赛共征集作品2,000余部,并开设了美国、澳洲、东亚(韩国)、东非四个国际分赛区。在微电影节举办期间,还举办了“美丽乡村财富论坛”“美丽乡村与旅游产业论坛”“智慧农业及绿色农产品电商大会”等高端论坛,国内外专家共同探讨乡村建设的经验和策略,互相交流与碰撞,为美丽乡村的发展献计献策。因此,举办影

视类比赛，同时开设有关美丽乡村建设的论坛或交流会，通过现代化的媒体手段展开多方位宣传，汇聚与融合乡村资源、企业资源，吸引专家学者，开展策略探讨和项目洽谈，能够积极有效地推进美丽乡村建设的进程。

四、影视文化创意产业推动美丽乡村建设的实施策略

影视文化创意产业涵盖的范围比较广泛，美丽乡村的建设也是一项系统而庞大的工程，将二者有效结合起来，需要在国家政策的引领下，由政府主导、规划和监督，协调各部门资源，吸纳企业入驻，撬动社会资本，整合多方力量，形成多元参与、协同共赢的发展机制。

（一）政策引领指导，政府组织协调，多方参与共建

在国家政策的引领下，政府部门的主导作用主要体现在对美丽乡村的建设实施统一规划和设计，为美丽乡村的建设指明方向和目标，组织协调各部门协同参与。影视文化创意产业与美丽乡村建设相结合，涉及产业与产业间的融合、行业与行业间的交叉。政府在顶层设计上协调各部门优势互补，在政策上给予引导和支持，对美丽乡村建设实施领导、组织和监督。以上文提到的创办有关美丽乡村建设的影视类比赛为例，在政府部门的倡导和规划下，可以分为三个层次展开，每个层次的赛事在功能上有所侧重。第一个层次由政府或相关机构组织，举办以乡村为主题的影视类比赛和产业论坛，在宣传乡村之美的同时广泛征集乡村建设方案，吸纳各方企业参与，并给予政策上的支持。第二个层次由政府发起，国内知名媒体平台主办，如腾讯、爱奇艺、新浪等，鼓励公益明星代言，并联合各大电商平台共同策划，在全国范围内征集以乡村为主题的短视频、图片作品等，利用媒体平台的用户优势、明星的宣传优势和电商平台的营销优势，将乡土乡情的宣传、农产品的营销和农村产业链的构建有机结合，实现多方共建美丽乡村。第三个层次的影视类比赛由各类院校组织，可在院校现有的比赛中增设有关乡村主题的单元，激发学生对于故乡的热爱，鼓励学生将来投身于家乡的建设。

（二）吸纳企业入驻，因地制宜规划，项目推进建设

美丽乡村建设的实施落地，离不开政府的推进和企业的积极参与。乡村的特色和优势各不相同，在政府的统筹规划下，面向企业公开招标，鼓励企业结合乡村资源并发

挥自身优势设计开发方案,以项目带动发展,推进建设。乡村拥有大量的历史地理文化资源,这些资源如果能够被有效利用,通过企业的设计开发,形成乡村特色项目,就能够有效推动乡村的发展。例如上文提到的井陉古村落群,井陉县人民政府于 2018 年 4 月根据财政部及各级政府部门有关“政府和社会资本合作(PPP)”的意见和精神,成立了负责古村落群开发和建设的专门机构和公司,并向社会公开招标,吸纳了相应的设计开发公司入驻,通过政府推进撬动了社会资本,对这片古村落群展开全方位的开发设计和改造,拟将其打造成集文化旅游、影视制作、特色餐饮、农产品销售、农耕体验于一体的特色文化小镇。

(三)设立培育系统,更新知识技能,激发村民动力

影视文化创意产业与美丽乡村建设的融合发展,形式虽丰富多样,但主要直接参与者仍然是村民。在很长一段时间内,村民的首要任务就是劳作,但是随着农村机械化的快速推进,村民的劳动有很大一部分被机器代替,村民原有劳作技能被淘汰,急需更新和调整知识和技能结构,以适应新的产业融合发展要求。比如村民想开展新兴的以视频直播销售为主的农业业务,就需要掌握直播平台及电商平台的使用方法、基本的拍摄技巧、影像处理技巧及营销策略,而这些正是村民所欠缺的。因此,可由政府部门或政府联合企业成立村民技能培育中心,遴选一些新兴的能够有效辅助乡村发展的媒体技能及创业模式,对村民分批次培训,引导、扶持村民利用新媒体手段结合自身资源创业,或为入驻乡村的企业培养既有农业生产经验又具有现代媒体素养的人才,使他们成为美丽乡村建设的中坚力量。

五、问题与思考

随着互联网和智能媒体的广泛普及,乡村不再是大众视野之外的孤岛,摄影、摄像等影视制作技术也不再是大众眼中高不可攀的特殊技能。一部手机便可拍遍家乡山水,一条视频也可使隐秘的乡村一夜走红,因此对于那些特色鲜明和资源独特的乡村,通过各级部门及相关企业的共同发力,非常有利于开展影视文化创意产业,盘活乡村资源,形成良性发展的产业链,促进乡村的发展和建设;但是,中国的乡村数量众多,形态各异。笔者在关注影视文化创意产业与美丽乡村建设的融合发展这一课题中,发现当前无论是学界还是业界,无论是理论研究还是实践活动,大部分人的注意力都聚焦于那些有着悠久发展历史、拥有鲜明文化特色的乡镇,对于大部分特色

不太明显、没有优势资源的乡村，又该如何充分利于影视文化创意产业或者其他新兴产业形式有效促进其建设和发展呢？这值得广大研究者和乡村建设工作者进行深入思考和探讨。

〔柴艳霞，河北传媒学院影视艺术学院副教授，主要研究方向：影视教育与影视创作；杨东伶，河北传媒学院新闻传播学院教研室主任，副教授，主要研究方向：新闻传播学；杨丽坤，河北传媒学院影视艺术学院副教授，主要研究方向：影视教育与影视创作〕

怀斯曼纪录艺术的中国阐释

艾志杰

【摘要】弗雷德里克·怀斯曼(Frederick Wiseman)纪录艺术的中国阐释是 20 世纪 70 年代以来中外纪录片理论互动的一个缩影。中国学者明确指出怀斯曼在选材艺术和纪录空间上的隐喻性、本土化以及精神性倾向,深入探讨其“不干预、不介入”的拍摄理念和“等候式”的纪录精神,并通过其剪辑艺术辩证地阐释主体意识的艺术性传达,由此促进了怀斯曼及其作品研究的进一步发展。

【关键词】怀斯曼　纪录艺术　中国阐释

在众多国外纪录片大家之中,美国著名纪录片导演、编剧、制片人弗雷德里克·怀斯曼(Frederick Wiseman)是对中国纪录史最具影响力的人物之一。怀斯曼的纪录片,大都取材于公共机构,广泛触及当代美国社会日常生活的各个层面,具有很强的现实意义。“他选择一些展现社会情况,或者缓和并反映社会的紧张与不安的机构。他的影片对于美国社会中权力的运用情况,不是从高的角度,而是站在社会公众的角度进行研究。这些影片合在一起,构成了展现美国生活全貌的画图。”①鉴于怀斯曼及其纪录理论对中国纪录片的发展产生过诸多积极的影响,本文拟以“怀斯曼纪录艺术的中国阐释”为主要研究对象,从选材艺术、拍摄艺术和剪辑艺术三个方面,对近 40 年怀斯曼及其作品研究进行一次梳理和总结,以期对促进怀斯曼及其作品研究的发展有所助益。

一、选材艺术:纪录空间的多维度阐释

在 30 多年的纪录片拍摄生涯中,怀斯曼始终坚守“直接电影”卫道者的使命,选择以极具隐喻性、本土化与精神性的空间或城市为纪录对象,构筑了一个“怀斯曼式

① 巴尔诺. 世界纪录电影[M]. 张德魁,冷铁铮,译. 北京:中国电影出版社,1992:245.

的影像世界”。正如单万里所言，怀斯曼“将他的目光聚集在美国的社会机构上，医院、学校、军队、社会福利机构甚至小城镇，都成为了他的纪录电影的主角。”①国内学者对其选材艺术阐释颇多，主要集中在怀斯曼拍摄空间所展示的社会隐喻、本土文化和哲学反思三个方面。

（一）特殊的“场”及其社会隐喻

怀斯曼以社会公共机构为拍摄对象，并对拍摄素材进行“现实的虚构”处理，而这些“特殊的‘场’本身就是一种极好的表意载体”②。在他的纪录片中，有追问管理者与被管理者之间关系的《动物园》，有聚焦于排演、管理、舞美、票房等剧场运作的《法国喜剧》，有展现20世纪70年代美国中西部地区屠宰场情况的《肉类》，有揭露美国教育危机的《中学》，有反映美国种族矛盾、社会矛盾的《精神病人》等，这些作品都成为国家和社会症候的一种隐喻。此正如黎小锋所言：“通过对美国社会机构进行积累式的印象化主观描述，折射出一些社会问题。”③渡部实则通过《动物园》对这种“空间隐喻”进行深入阐释，他指出，怀斯曼通过特定空间追问“管理者与被管理者的关系……透过这种关系触及国家的本质”④。在怀斯曼看来，特殊的“场”或者机构本身就带有一定的社会性、文化性甚至政治性，纪录的目的并非只是展现这些机构的形态，而是要进一步挖掘其内在关系与隐含意味。这种选材艺术也在一个时期影响了中国纪录片创作者，如张以庆的《幼儿园》、段锦川的《八廓南街16号》以及王兵的《铁西区》等，这些作品都是对特殊“场”的一种关注，反映了当时中国社会的情境和面貌。

（二）“美国志”及其本土文化

纪录片的产生不仅包含着创作者本人的生活阅历、创作理念与纪录精神，而且受到其所处环境的经济、政治和文化等多方面因素的影响。因此，每一部纪录片的创作都离不开本土文化的滋养。怀斯曼的纪录片正是这方面的典范。在怀斯曼30多年的纪录片生涯中，除了在1996年应邀去法国拍摄了一部有关法国喜剧院的纪录片之外，他的镜头几乎从没有离开过美国本土，可谓展现了一幅立足本土的“美国志”。正如美国电影专栏作家菲立普·罗帕特所评价的那样：“弗雷德里克·怀斯曼的30部纪

---

① 单万里，张宗伟. 纪录电影分析[M]. 北京：中国广播电视出版社，2007：186-187.

② 卞清. 纪录片——如何用结构表达抽象思想[J]. 中国电视，2006(2)：48.

③ 黎小锋. 纪录片创作[M]. 上海：上海外语教育出版社，2006：13.

④ 渡部实. 山形国际电影节与世界的纪录电影[J]. 王众一，洪旗. 译. 电影艺术，2000(3)：115.

录片组成了最接近美国生活面貌的'一部长片',实际上,他是在构造着一部美国史诗。"①吴文光对怀斯曼的生平也曾做过详细介绍:"怀斯曼从出生到现在,一直住在美国波士顿","用镜头解剖各种机构与人的方式并展示 20 世纪下半叶的美国综观"②。吕新雨则站在文化人类学的视角上,进一步探讨了怀斯曼作品在呈现本土文化时所具备的超越性:"怀斯曼(Frederick Wiseman)也许可以称为以文化人类学探讨当代社会的一个范例……他的文化视角已经影响了中国纪录片人的观念,并且结出了果实。"③这对于中国纪录片创作者的启示便昭然若揭了:只有立足本土、聚焦中国元素,我们才能创作出有中国特色的纪录片;亦只有形成一套完善的适合在中国体制下发展的纪录理论体系,掌握自身话语权,才能提高文化自信。

(三)"存在"的人及其哲学反思

怀斯曼始终关注人,关注人的生存状态以及社会属性,通过纪录片反映人和社会的各种复杂关系,从而让社会中的人正视自身的存在,思考自身存在的意义与价值。朱羽君和殷乐以《缅因州的贝尔法斯特》为例,强调怀斯曼"以视觉形象和片中人物的话语来呈现事件……一如既往地用镜头解剖机构和人"④。倪祥保认为,"他的纪录片所表现的一贯主题就是以记录美国人的日常生活来透视美国社会和反思人类社会的管理"⑤。张红军则直言怀斯曼的作品"旨在发掘机构及其所服务的对象之间的关系"⑥。存在主义哲学把人称作"正在成为中的人",即人总是处于反思过去与思考未来的辩证发展之中。通过公共机构与人之间的关系,怀斯曼的纪录片提供了一种反思人类、反思体制、反思国家的可能性路径,从而使作品彰显哲学意味。

二、拍摄艺术:纪录理念的旁观式呈现

作为"直接电影"的干将,怀斯曼在投入拍摄时,采用这样的工作步骤:"首先选定一个拍摄主体,一般处在有限的地理环境中……然后我的工作就是在那里待上相当长的时间(一般是 4 ~8 周,有时是 11 周),在这段时间里,我可以看到很多事情在不断

①② 吴文光. 弗雷德里克·怀斯曼(Frederick Wiseman)以日常生活之纪录而构造了一部美国史诗[J]. 当代艺术与投资,2007(11):39.

③ 吕新雨. 中国纪录片:观念与价值[J]. 现代传播,1997(3):61.

④ 朱羽君,殷乐. 文化品质:电视纪录片——电视节目形态研究之六[J]. 现代传播,2001(6):80.

⑤ 倪祥保. 怀斯曼纪录片:实地捕获 + 主题思考——兼与王迟老师商榷[J]. 中国电视,2014(8):65.

⑥ 张红军. 90 年代中国纪录片的三种主要形态及其发展态势[J]. 南京师大学报(社会科学版),2004(1):60.

地持续和发展。”[①]怀斯曼也正是在这种旁观式的近乎偏执的拍摄艺术中记录下了半个世纪的美国。

其一是怀斯曼“不干预、不介入”的拍摄理念。怀斯曼一以贯之地采用直接电影的拍摄方法,如苍蝇作壁上观般地坚持记录美国社会,表现出纪录片的目击性、现场性、旁观式的特质。在他的电影里没有任何音乐、音效和旁白,只有拍摄对象的影像与现场同期声。黎小锋就直言“怀斯曼在纪录片《医院》中,通过冷静关注一个医院的日常运行,以此展现美国社会机构的一个切面”[②]。因此,中国学者特别强调怀斯曼作品所表现出的目击性与在场性。任远认为怀斯曼在拍摄时“依靠长镜头和同期录音来保持节目的纪实性、目击性”[③]。周安华认为怀斯曼以大量“奢侈”的镜头呈现现场,避免产生虚拟感,从而形成一种“目击的艺术”[④]。大部分学者都对这种冷静的旁观与现场的目击持褒赞态度,尤其是怀斯曼在长达30多年的时间里实践着同一种电影方法,为中国纪录片创作者所折服,同时也对中国的纪录片人产生了耳濡目染的影响。

其二是怀斯曼近乎偏执的纪录精神。怀斯曼的纪录精神是一种“等候式”的、“静观式”的,需要花费很多的时间和精力。在浮躁的现代创作语境中,这种精神是难能可贵的,因此中国学者大多在一定程度上予以褒扬。张千山一语中的地指出怀斯曼是“直接电影大师”,认为“真正能把‘直接电影’风格‘一条道走下去’非怀斯曼莫属了”[⑤]。吴文光则通过对怀斯曼的深度访谈,描述了怀斯曼放弃律师工作,数十年如一日拍摄纪录片的执着精神。怀斯曼在访谈中说道:“我拍了31部片子,因为我工作非常努力。我非常努力地去争取钱,然后很努力地做片子,所以我每天都工作。”[⑥]然而,虽然怀斯曼的纪录精神及其“直接电影”的创作理念启迪了中国纪录片创作人,在一定程度上推动了“新纪录运动”的发生,但是怀斯曼却是很难被模仿的。正如黎小锋所言:“怀斯曼的制作方法是不可模仿,无法复制的,即使是在美国,也很少有人像他这样坚持以这么一种固定不变的方法来做纪录片。”[⑦]因此,在20世纪90年代,怀斯曼的拍摄艺术在中国才会那么鼓舞人心。

---

① 单万里.纪录电影文献[M].北京:中国广播电视出版社,2001:475.
② 黎小锋.“直接电影”的当代困境[J].电影艺术,2009(6):150.
③ 任远.美国的电视纪录片[J].世界电影,1995(6):71.
④ 周安华.论纪录片的“目击性”本性[J].艺苑,2007(1):48.
⑤ 张千山.“直接电影”大师——弗雷德里克·怀斯曼[J].电影评介,2009(20):22.
⑥ 吴文光.访问弗雷德里克·怀斯曼[J].当代艺术与投资,2017(11):55.
⑦ 黎小锋.壁上观世相——“直接电影”在中国的嬗变[J].北京电影学院学报,2011(1):44.

三、剪辑艺术:主体意识的艺术性传达

纵观1978 年至2018 年中国学者的研究,可以清晰地发现他们对“怀式剪辑法”的阐释并没有仅仅停留在将之作为一种方法借鉴和学习的层面,而是把怀斯曼一以贯之的剪辑当作一门艺术进行阐释,试图从他的剪辑艺术中总结出纪录片的特质、功能以及怀斯曼的主体意识。

一方面,“复杂性”问题的解密。在怀斯曼看来,纪录片具有反映人类行为复杂性的功能,创作者不能将复杂的社会问题简单化,而需要通过纪录片来记录那些不为人知的故事,同时也需要让这些故事留在观众的心中。如《医院》,对发生在一家城市医院(纽约市大都会医院)中的病人和医务人员之间的一系列冲突展开了观察和记录,窥探“医疗道德”“官僚主义”“等级差异”“基本生活质量”等复杂性问题。从影片的剪辑中可以推断出,怀斯曼认为这家医院在履行自己的职责和义务方面做得非常出色。如此作品还有甚多,包括《学校》《肉类》《基本训练》等,怀斯曼总是在后期剪辑中通过各种修辞手法将现实生活中的复杂问题作出“解密”。王迟和徐颜红通过分析怀斯曼对素材的“创造性处理”,指出“在怀斯曼这种剪辑手段背后,是他对纪录片真实性问题的完全不同于直接电影、纪实美学的理解”①。陈刚则进一步指出了怀斯曼在剪辑时为观众所做的考虑:“剪辑的任务就是肯定或推翻原来的直觉,然后进行剪辑。对这类镜头进行如此的分析和处理,为的是使这些镜头能传达出一些信息给原本没有在事件现场目睹事件发生过程(例如:犀牛生产)的观众,而对这些观众来说,事件和相关的影片能以一种可以看懂的形式展现在眼前。”②

另一方面,“戏剧性”冲突的呈现。冲突与戏剧性是表现情感的重要手段,有时直接构成故事的情节。在怀斯曼的纪录片中,没有旁白、没有解说,对于习惯于视听一体的观众来说,势必会产生晦涩感与闭塞感,观众在观看他的纪录片时不会感受到娱乐性,而往往只是被那些森严的军营、触目惊心的医院等现场所牵引,承受一种无法直视的压抑感。因此,为了让纪录片呈现出更多的戏剧冲突以深层表现主题,怀斯曼往往会在剪辑时更加注重段落与段落之间的戏剧性与关联性。“怀斯曼在1997 年北京国际纪录片会议上说:我认为纪录片和其他所有电影一样,都需要一些戏剧性因素。”③陶涛和张德宏明确指出纪录片是剪辑的创作,他们认为怀斯曼的剪辑艺术是一种“对

---

① 王迟,徐颜红.剪出来的“现实剧”——对怀斯曼纪录片美学的一种还原[J].中国电视,2014(3):89.

② 陈刚.“直接电影”的精神领袖怀斯曼——弗雷德里克·怀斯曼的工作日记[J].电视研究,1999(1):52.

③ 马伟晶.戏剧性因素——纪录片新的魅力元素[J].声屏世界,2005(5):27.

现实的虚构”,是“在生活中分辨出什么是真正有趣的东西,并且使用一种非常戏剧化的形式来表现”①。而如何创造戏剧性?即怀斯曼经常采用的“内部剪辑”与“外部剪辑”。然而,他们却忽略了怀斯曼对戏剧性本质的认识。从怀斯曼的众多暧昧不明的言论中,不难看出他所想要展现的戏剧性并不仅仅在剪辑艺术中体现出来(尽管他一再强调剪辑的戏剧性处理),而在前期取材、确定初步主题以及拍摄之中都隐含着怀斯曼对戏剧性的某种程度的追求。他选择的诸如精神病院、医疗机构和福利机构等都是极具冲突意味与戏剧矛盾的场所,在这些场所里极易捕捉到人与人、人与组织之间的矛盾、对立或者某些带有对抗性质的言行举止,由此选材艺术为戏剧性的产生奠定了基础。

总体而言,怀斯曼的剪辑艺术涉及的是一个主观情感表达的问题。中国学者在肯定怀斯曼“冷眼旁观式”的拍摄理念的同时,指出其(特别是剪辑环节)主观、非理性的内涵,使其纪录片最终达到了主客观的高度统一。怀斯曼总是在完成剪辑的过程中,自觉或不自觉地对现实自然素材作出选择,然后根据自己的主观倾向和立场对现实生活的元素展开人为的解构与强化,最终形成作品。正如聂欣如所言:“怀斯曼所谓的形式的‘虚构’,很有可能是指一种因果关系推定的主观性,而不是一般所谓的‘编造’‘造假’或刻意隐瞒。”②崔永杰也持类似的观点:“纪录片并不是对客观真实的完全再现,因为它是一种具有制作者主观烙印的真实。而这就是‘直接电影’所代表的怀斯曼的美学观。”③王云龙则以怀斯曼的剪辑理念佐证其观点,指出怀斯曼所说的“对现实的一种虚构”,“实际上这是一个人为地把一些生活元素强化、强调,同时把其他一些元素淡化甚至予以排除的阶段”④。

四、结　语

对于怀斯曼纪录艺术的阐释乃至对整个国外纪录片及其理论的阐释,都不能囿于借鉴与比较的藩篱之中。我们无法改变“世界纪录史成就中国纪录史”的历史事实,但是我们可以创造“中国纪录史影响世界纪录史”的未来格局。中国学者、纪录片人以及整个纪录片领域在对怀斯曼乃至国外纪录理论展开中国阐释的时候,必须怀有一种“创造话语”的姿态,即在中国纪录片话语逐步成熟的基础上,通过对国外纪录片及

① 陶涛,张德宏.还原·拓展·激荡——关于纪录片创作的几点思考[J].现代传播,2000(6):103.
② 聂欣如.“怀斯曼神话”再商榷[J].电影新作,2018(1):13.
③ 崔永杰.探讨怀斯曼纪录片的美学观[J].当代电视,2016(5):33.
④ 王云龙.纪录片《农民作家老段》的选择与制作[J].电视研究,1999(6):53.

其理论的中国阐释,建构出属于中国自身的纪录话语,建构中国特有的纪录体系,从而反过来影响世界纪录理念与框架。

进一步来说,怀斯曼纪录艺术的中国阐释只是中国理论界与创作界的冰山一角,学者和作者们不仅仅是为了阐释而阐释,也不是为了了解怀斯曼而阐释,学者和作者们要做的是通过对怀斯曼的阐释来获得对整个国外纪录理论的全面认识,在此基础上完善与补充中国纪录理论。而对于中国纪录片创作的未来走向与出路来说,必须立足于理论创新,善于把握借鉴与改造的"度",结合中国文化语境,兼顾当下市场需求与技术手段,始终以创造自身话语权与理论体系为目标,为中国纪录片的理论创新做好充分准备。

〔艾志杰,南京师范大学文学院戏剧与影视学专业2015级博士研究生,主要研究方向:影视理论与批评〕

电视音乐节目的发展历程:困境与对策

董　旭　杨　帆　张　宁

【摘要】我国电视音乐节目的发展经历了萌芽阶段、起步阶段、发展阶段和兴旺阶段,电视音乐节目进入发展过程中前所未有的黄金时期。但是,目前电视音乐节目的发展遭遇许多瓶颈,诸如“金钱至上”“唯收视率”,导致电视音乐节目的社会意义被边缘化;电视音乐节目市场同质化现象严重,创新力匮乏;通俗音乐雄霸天下,反映非通俗音乐的节目则凤毛麟角。跳脱当前困境,应当立足于观众对音乐文化内容的需求,提供适合当下观众审美趣味的丰富多彩的音乐盛宴;策划理念需从只着眼于单一节目思考的“微观”转向对平台搭建的“宏观”,通过对不同媒体的串联,形成媒体之间的有效联动,搭建起音乐文化传播的媒体平台;电视音乐节目应当在内容层面摒弃庸俗、低俗、媚俗的内容以及过度娱乐的形式,向受众传递具有高品质、符合时代特色的文化价值、文化理念和审美乐趣,并带给受众精神享受。

【关键词】电视音乐节目　发展历程　观众需求　多元文化

一、引　言

“音乐”与“电视”原是两个不同的艺术门类。音乐是通过有组织的乐音在时间上的流动来创作艺术形象、传达思想感情、表现生活感受的一种表现性时间艺术。[①] 与音乐艺术不同,电视艺术是综合艺术的典型代表。这里提到的电视艺术主要是指以电视终端作为媒介所传播的电视节目,即电视频道上屏幕上所播出的具有特定内容和形式的可供人们感知、理解或欣赏的作品。[②] 将音乐艺术与电视艺术融会结合形成的电视音乐节目,便产生了“1 +1 >2”的现实效果。不仅容纳了音乐艺术带给人们的审美体验以及电视节目在制作与传播过程中的视听美感,同时也产生了更加深远的意义。

---

① 彭吉象. 艺术学概论[M]. 北京:北京大学出版社,2015:175.

② 黄会林,彭吉象,张同道,等. 电视学导论[M]. 北京:高等教育出版社,2008:44.

首先,电视音乐节目丰富了音乐的表现形式,极大地拓展了音乐审美意义的外延。音乐的表现不再局限于仅仅带给人们听觉感知上的刺激,更是以声画结合的电视手段对音乐内容作出了更加丰富的表现。其次,电视音乐节目以"电视"为载体,提升了受众对于音乐审美的主动性。国家统计局数据显示,2018年,我国电视节目综合人口覆盖率已达到99.3%①,电视作为大众传播媒介拥有广泛的受众基础。音乐与电视结合的电视音乐节目,不仅为受众欣赏音乐提供了便捷的渠道,同时也降低了欣赏音乐的物质成本,从而提升了受众对音乐审美的主动性。尤其是在媒介融合的背景之下,电视的发展也使电视音乐节目的参与性得到提升。受众不再作为被动收视的观众,而是作为节目中的一员主动参与其中,从而更加提升了受众在电视音乐节目中的主动性。再次,电视音乐节目使音乐内容传播更加广泛。电视作为大众传播媒介,以电视媒介为载体传播音乐内容,不仅打破了音乐艺术在原有传播过程中的时空束缚,使受众面积扩大;同时以电视化的手段传播音乐内容,实现了传播过程中内容的大规模、数字化的复制,大大提升了内容的传播效率。最后,电视音乐节目的意义更在于对音乐和电视社会功能的拓展。音乐的社会功能在于"教育、认识、审美、社会及娱乐"②,电视作为大众传播媒介在社会的环境监视(surveillance of the environment)、社会协调(correlation of the parts of society)以及社会遗产传承(transmission of social heritage)等方面都有着重要的意义③。电视音乐节目将电视与音乐结合,以电视手段表达并传播音乐,不仅使受众在节目中体验到音乐审美的乐趣,实现了音乐的美育功能;同时以音乐本身为载体并结合电视传播的优势,在传播主流价值观念以及先进文化方面都有着积极的作用。

纵观近年来电视音乐节目的发展,可以看到电视科技以及电视节目策划理念的升级给电视音乐节目的制作播出带来了巨大改变。但是我们在看到成绩的同时,也要看到目前电视音乐节目的发展遇到了瓶颈:节目生命周期短,内容良莠不齐,社会效益没有充分实现;节目收视率低,收益差,甚至面临停播等。那么,电视音乐节目发展瓶颈产生的原因为何?如何突破障碍跨越发展,以最大限度地实现其价值?这些都是亟待研究解决的问题。

---

① 该数据来自中华人民共和国国家统计局国家数据,网址为 http://data.stats.gov.cn/easyquery.htm?cn=C01&zb=A0Q0B&sj=2018.

② 吕云路.音乐的社会功能[J].聊城大学学报,2002(5):92.

③ LASSWELL H. The structure and function of communication in society[M]//The communication of ideas. New York: Cooper Square, 1964:38.

二、我国电视音乐节目发展历程梳理

电视音乐节目是以各种音乐、歌曲表演为基本构成框架,运用电视的特殊技术和艺术手段加以制作,通过电视屏幕播出,给观众以音乐鉴赏的音乐节目。电视音乐节目的发展是电视综艺节目发展、电视艺术发展乃至社会文化发展的重要组成部分。梳理电视音乐发展历程,一方面有助于认识电视音乐的发展脉络,掌握其变化规律;另一方面,也有助于认识电视音乐与电视综艺节目乃至电视和社会文化发展之间的相互联系。笔者根据收集掌握的文献资料,认为我国电视音乐节目的发展历程可划分为四个阶段,即启蒙阶段(1960~1978)、起步阶段(1979~1991)、发展阶段(1992~2000)、兴旺阶段(2001 年至今)。

(一)第一阶段:启蒙(1960~1978)

我国的电视事业起步较晚。1958 年 5 月 1 日北京电视台(中央电视台之前身)试播成功,标志着我国电视事业的正式起步,从此我国的电视艺术开始走上创作道路。1960 年北京电视台首次在演播室里排练、播出了综合性的春节文艺晚会。这一年北京电视台新建了 600 平方米的演播室,演播条件和艺术加工能力有所进步。同年转播了介绍小提琴协奏曲《梁山伯与祝英台》的专题节目。① 这些节目的播出标志着我国电视音乐节目雏形的问世。随着“文革”十年动荡的来临,电视文艺节目的发展处于停滞状态,问世不久的电视音乐节目也未能在这场文化灾难中幸免。“文革”结束后,一批符合历史时代背景以及人民需要的文艺演唱会、诗歌朗诵音乐会等在北京电视台相继播出。

此时期的电视节目以转播播出为主。电视音乐节目尚未成型,音乐并没有成为独立的电视节目内容中心,而是作为转播的电视文艺节目中的元素以节目陪衬的方式存在,并缓慢发展。

(二)第二阶段:起步(1979~1991)

1979 年 1 月,中央电视台开始对宣传个人、神话领袖和鼓吹“以阶级斗争为纲”的节目展开清理,这是电视文艺节目转型的标志。② 电视音乐节目作为电视文艺节目的

---

① 张凤铸,胡妙德,关玲. 中国当代广播电视文艺学[M]. 北京:中国传媒大学出版社,2004:59.

② 张凤铸,胡妙德,关玲. 中国当代广播电视文艺学[M]. 北京:中国传媒大学出版社,2004:67.

组成部分,此时也开始解放思想,重新审视和确立其自身价值和功能并自此进入了起步阶段。1982年1月25日,中央电视台播出了《迎春联欢晚会》,其中歌唱节目、钢琴独奏成为晚会的重要内容。1984年,中央电视台播出了《艺苑之花》《音乐与舞蹈》节目。1988年,中央电视台《周末文艺》节目下形成"每周一歌"板块,"这一节目成为了早期电视音乐节目中最为成熟的形态"①。随后,《综艺大观》《正大综艺》等一批电视综艺节目开播并逐渐成长,音乐表演成为电视综艺节目中不可缺少的组成部分。

这一时期,虽然音乐还是以元素形式存在于电视综艺节目中,但是相比从前,音乐元素更加独立,歌曲、器乐表演已经成为独立的节目而非其他类型节目的配角。同时"每周一歌"的出现预示着独立的电视音乐节目即将出现。

(三)第三阶段:发展(1992~2000)

随着改革开放的深入以及国内经济的不断发展,电视行业较之以往也有了巨大的改变。电视制作水平以及电视策划理念与从前相比都有了极大的提升。1992年,电视人甲丁、白志群策划并制作了音乐电视专题片《风》,这是中国内地第一部真正意义上的电视音乐作品,也标志着中国音乐电视制作的大门正式开启②。此后《东西南北中》《中国音乐电视MTV》等电视音乐节目相继推出,受到观众的广泛好评。此时的电视音乐已经成为独立的节目形式,音乐也作为主要表现元素成为电视音乐节目中的主体。就题材而言,这个时期的电视节目以播放音乐电视MTV为主,同时"歌会"形式的节目开始走向成熟。

(四)第四阶段:兴旺(2001年至今)

电视艺术作为社会文化的构成部分,是对社会发展的能动反映。此时期的电视音乐节目已经挣脱了从前传统音乐电视策划的束缚,以更加新颖、活泼的方式来架构节目。《同一首歌》《超级女声》《中国好声音》《我是歌手》《中歌会》等一大批优秀的电视音乐节目呈现在观众眼前。电视音乐节目不仅以生动活泼的叙事方式表现音乐内容,同时节目中融入了竞赛、真人秀等多种综艺娱乐手段,使电视音乐节目的可看性进一步增强。尤其是随着互联网的普及以及媒体融合程度的不断加深,电视音乐节目与受众之间的交互方式更加多样,交互程度也更加深入。电视音乐节目进入发展过程中前所未有的黄金时期。

---

① 张怡文.中国电视音乐节目发展与创新研究[D].杭州:浙江师范大学,2014:8.

② 冯亚.我国音乐类电视栏目的"复苏"与壮大[J].音乐传播,2018(3):84.

三、我国电视音乐节目发展的困境

伴随着中国电视行业的发展,我国的电视音乐节目也经历了从无到有、从单一到多元的过程。尤其近年来,随着媒体融合程度的不断加深,电视音乐节目在策划阶段就融合了不同媒体在传播过程中的特征,不仅为节目寻找到更加广泛的话题来源,同时也拓展了节目内容的分发途径,进一步提升了节目的播出效率,对节目的播出效果产生了积极的作用。但是通过观察和比较近期我国电视屏幕上出现的音乐节目,不难看出,目前电视音乐节目出现了诸如"娱乐至上,盲目引进,依赖明星,同质化发展"① 等弊端。这些弊端导致电视音乐节目文化品位低下、竞争力弱、创新度低、收视率下降等不良后果,电视音乐节目发展走入困境。笔者将电视音乐节目发展所遇到的困境归纳、总结与分析如下。

(一)"金钱至上"忽视电视音乐节目的社会意义

"文艺是铸造灵魂的工程,文艺工作者是灵魂的工程师。好的文艺作品就应该像蓝天上的阳光、春季里的清风一样,能够启迪思想、温润心灵、陶冶人生,能够扫除颓废萎靡之风。"②电视音乐节目作为文艺的组成部分,对社会心理的塑造有着重要意义。优秀的电视音乐节目不仅宣传音乐内容,使受众在节目中获得美的享受与心灵放松,同时也能通过音乐这种轻松的形式涤荡社会风气,宣传正确价值导向。正如格伯纳在其"培养分析"理论中认为的那样,大众传播的特定倾向性会产生一定的社会结果,而大众传播媒介所传播内容的倾向性会对人们的现实观、社会观产生潜移默化的影响。③

改革开放后市场经济的蓬勃发展,对社会生活的各个方面都产生了深远的影响。对于电视而言,最主要的影响在于其管理体制和经营方式较之以往发生了转变:中国电视管理体制从单一结构模式到一体多元式发展,从经营意识淡薄到资本运营理念深入人心,在管理体制和运营模式上都发生了巨大变化。④具体到电视节目,收视率以及由收视率所带来的经济效益成为节目的重要评价标准。一段时期内,"唯收视率论"

① 俞虹. 让更多电视综艺成为"中国智造"[N]. 人民日报,2019-05-30.

② 习近平. 在文艺工作座谈会上的讲话[EB/OL]. (2014-10-15)[2019-09-30]. http://culture. people. com. cn/n/2014/1015/c22219-25842812. html.

③ 郭庆光. 传播学教程[M]. 北京:中国人民大学出版社,2011:207-208.

④ 杨状振. 1978—2008:中国电视产业化经营三十年机制流变研究[J]. 郑州大学学报(哲学社会科学版),2009(2):164.

对于电视音乐节目的策划方向也产生了强烈的影响。电视音乐节目策划者为了追求“收视率”的光环而一味地迎合节目消费者的口味,在节目内容的选定以及节目环节的设计上出现了格调低、品位差、庸俗媚俗的现象。尤其是一些类型化的电视音乐节目,盲目引进外来音乐形式,助推了低俗文化的传播,在社会中产生了极其消极的影响。电视音乐节目是净化社会心理环境、实现社会心理重塑的节目形式,而一些电视音乐节目的策划者热衷商业利益而放弃了自己应负的社会责任,既没有实现音乐节目原本应有的文化内涵以及音乐所带给受众的美育功能,也对电视媒体作为公共传播媒介的公益意义造成了破坏,使电视音乐节目的发展走入歧途。

(二)节目形式同质化,策划缺乏创新力

电视音乐节目发展至兴旺时期,在内容设定以及制作水平上都有了很大的改善,一大批耳熟能详的电视音乐节目走进了观众的视野。但是拨开表象而冷静分析后不难发现,如今的电视音乐节目市场同质化现象严重,不仅是内容跟风,节目的规则、形式甚至连名字也雷同,其创新力匮乏可见一斑。[①]《中国好声音》占领了电视收视率高地后,《中国最强音》《中国新声代》《中国梦之声》等一大批电视音乐节目纷纷效仿,观众搞不清楚谁是“李逵”谁是“李鬼”。2004年,一档名为《超级女声》的电视音乐节目横空出世,节目创造性地融会了电视音乐与素人真人秀的形式,迅速火遍了中国的大江南北。随后便有《快乐男声》《快乐女声》《绝对唱响》《我型我秀》《加油,好男儿》《极限高歌》《星光大道》等一大批规则类似、流程雷同的电视音乐节目接踵而至。当《蒙面歌王》以设置悬念并推理猜歌手的游戏方式赢得观众好评后,《蒙面唱将猜猜猜》《偶滴歌神啊》《开门大吉》《隐藏的歌手》等节目也迅速把节目的规则聚焦在“猜”上。而在电视屏幕上,《我爱记歌词》《挑战麦克风》等一批主打“记歌词”的游戏类电视音乐节目也曾风靡一时,但最终都因观众审美疲劳而陷入沉寂。

音乐节目创新力疲软的另一个表现是大量外来节目的引进。近年来,一大批来自日韩、欧美的电视音乐节目被引进国内。其中一些节目因“水土不服”而迅速夭折,销声匿迹,而另外一些引进节目则因暂时新颖的节目形式及节目规则在一段时间内吸引了观众的眼球。但节目策划者安于现状、疲于创新,并没有对引进IP(Intellectual Property)做进一步创新性的挖掘,有些甚至并未对其进行本土化的改造,这也最终导致要么因为观众审美疲劳造成收视率滑坡,要么因中西方文化的差异使得节目破产。

---

① 温璐,李岩.综艺节目重名多,你被绕晕了吗?[N].广州日报,2015-07-01.

(三)通俗音乐雄霸天下,忽视电视音乐文化的多元性

消费,它是指利用社会产品来满足人们各种需要的过程①,是社会再生产过程中的一个重要环节。电视节目作为满足受众获取信息、享受审美的文化产品,同样要被受众所消费。在消费时代的今天,人们的消费意识与消费观念与日俱增,电视节目的商品属性也越发清晰。消费文化时代,大众传媒的最显著的特点就是大众化倾向②,电视节目制作者为了满足节目消费者的需求,制作节目内容的通俗化成为当下电视节目的典型特征。而电视音乐节目作为电视文化传播载体的一部分,在如今消费文化盛行的今天也被打上了通俗的烙印。

综观目前的电视音乐节目市场,通俗音乐成为主流内容,反映非通俗音乐的节目堪称凤毛麟角。笔者在互联网搜索引擎以"电视音乐节目"为关键词进行检索,共检索到国内的电视音乐节目495档。粗略统计,其中以通俗音乐为表现对象的电视音乐节目占到90%以上,高雅音乐的电视音乐节目以及民族音乐的电视音乐节目少之又少,并且几乎都在音乐专业频道内出现。电视作为大众传播媒介以及文化传播的载体,应当关注文化的多元性。电视音乐节目不应只成为传播通俗音乐的阵地,更应该广泛且有效地传播其他类型的音乐文化。通过电视媒体的广泛传播,将更多类型的音乐内容呈现给受众,给受众带来更多元的视听审美享受,可以更好地发挥电视音乐节目的社会美育功能。就此来看,我国的电视音乐节目还有很大的发展空间。

四、我国电视音乐节目发展的对策

习近平在文艺工作座谈会上的讲话中强调:"文化是民族生存和发展的重要力量""文艺是时代前进的号角,最能代表一个时代的风貌"③。电视音乐节目以电视音乐的内容形式传播主流思想文化内容,对于传播文化内涵、展现社会文艺风采具有重要的意义。在新的媒介环境下,电视音乐节目从策划到制作,再到播出,应抛弃陈旧的理念,面向社会全新的需求不断发展。

---

① 高鸿业.西方经济学(微观部分)[M].北京:中国人民大学出版社,2011:57.

② 杨智馨.消费文化语境下中国电视音乐节目研究[D].昆明:云南师范大学,2014:11.

③ 习近平.在文艺工作座谈会上的讲话[EB/OL].(2014-10-15)[2019-09-30].http://culture.people.com.cn/n/2014/1015/c22219-25842812.html.

(一)立足观众需求,传播多元文化

电视媒体作为主流媒体在宣传中要强化“群众意识”,电视音乐节目以电视媒介为载体,以音乐为主要内容进行传播,应当立足于观众对音乐文化内容的需求,提供适合当下观众审美趣味的丰富多彩的音乐盛宴。始于20世纪70年代的“使用与满足”研究从受众角度出发分析其媒介接触行为,认为受众接触媒介的动机是满足自身的某种需求和愿望。从受众媒介接触需求来看,获取娱乐固然是当下观众收看电视音乐节目的目的之一,但是这并不意味着电视媒体在制作电视音乐节目时过度“娱乐”,造成电视音乐节目的“泛娱乐化”①。电视音乐节目不仅要充分表现大众文化下的通俗音乐,也要兼顾专业文化下的类型音乐及高雅音乐;不仅要充分发挥电视音乐节目的消遣娱乐功能,同时更要注重电视音乐节目对文化的传承。

随着媒介的分众化发展趋势逐渐清晰,电视媒体也由“广播”走向“窄播”,媒体的专业化特征逐渐增强。电视音乐节目制作者也应充分利用电视频道的专业化细分优势,为广大的音乐爱好者提供更加专业、更加精致的电视音乐节目,不仅要制作以综艺娱乐为目的的电视音乐节目,还应当设计音乐教学、音乐鉴赏等内容,从而促进音乐文化的多元发展。

(二)更新策划思维,打造音乐文化平台

在电视节目制作过程中,策划始终是一种处在先行地位的主导因素②,电视音乐节目亦是如此。电视音乐节目策划的理念是否符合当下观众的审美需求,是否与时代的发展相互协调,对于节目播出的最终效果有着重要的影响。当今时代,我国媒体融合的发展已经步入深水区,电视音乐节目的策划理念需从只对单一节目进行思考的“微观”转向对平台搭建的“宏观”。电视音乐节目的策划者在策划时,不仅要考虑到节目内容在电视媒体的播放,更应根据其他媒体的传播特点对节目内容深耕细作,实现对内容不同媒体渠道的分发;通过节目内容在不同媒体间的串联,形成媒体之间的有效联动,从而搭建起音乐文化传播的媒体平台,实现节目利用率的最大化。

(三)提升节目质量,增强文化内涵

电视节目质量的高低直接关系到节目的生命周期长短,而节目文化品格的优劣对

① 程会通.再谈“泛娱乐化”传播现象之成因[J].视听,2019(6):117.

② 杨帆.媒介融合视域下电视公益节目策划研究——以央视《等着我》栏目为例[D].北京:北京大学,2018:6.

于节目的社会影响也有着重要意义。电视音乐节目不仅是观众茶余饭后享受娱乐消遣的素材,更是以音乐为载体传播文化的重要途径。传播学理论认为,大众传播媒介的产物不可避免地含有某种价值理念和意识形态,比如传递某种思想、观念和价值以及传播各个层面的知识和内涵。[①] 电视音乐节目首先应当在内容层面摒弃庸俗、低俗、媚俗的内容和过度娱乐的形式;而应当在节目中通过音乐元素以及音乐形式,向受众传递具有高品质、符合时代特色的文化价值、文化理念和审美乐趣,并在节目中带给受众精神享受。

电视音乐节目要注重节目的质量,重视文化品位,以文化品位的提升带动节目质量的提高;既要关注通俗文化,同时也要立足传统文化,充分挖掘传统文化的精髓。我国五千年的历史积淀为现代艺术的创作提供了宝贵的资源,将音乐同我国的传统文化内容相结合,充分展现出我国传统文化的多元性与兼容性,进一步提升节目文化内涵。

五、结　语

电视音乐节目作为电视艺术和音乐艺术相结合的产物,不仅能够展现电视节目原本的属性特征,同时也可充分发挥认知、娱乐、审美、教育等特有功能。电视音乐节目在创作中应当牢牢把握时代脉搏,坚持与时俱进的创新精神,以音乐为载体弘扬主旋律,传播正能量。可喜的是,目前我们已经可以看到一批包括央视《经典咏流传》、北京卫视《中歌会》等在内的优秀电视音乐节目走上电视荧屏,并在社会上产生了良好的影响。相信未来会有更多优秀的电视音乐节目走上荧屏,为传播优秀文化、构建社会和谐发展以及实现社会心理重塑做出贡献。

〔董旭,河北传媒学院新闻传播学院副教授,主要研究方向:艺术学;杨帆,河北传媒学院新闻传播学院讲师,主要研究方向:广播电视艺术;张宁,河北传媒学院发展中心副教授,主要研究方向:音乐学〕

① 李文辉.用娱乐方式解构中国传统文化——以湖南卫视《天天向上》为例[J].东南传播,2009(9):138.

“混沌”中国:周浩的系列纪录片

陈 颂

【摘要】当下中国纪录片有一种呈现现实的冲动,对于越来越多元化和复杂化的中国当下社会来说,周浩的系列纪录片颇具代表性。他的系列作品既有多时空多维度的复合建构,又常常聚焦社会流变中的个体形象与命运变迁;他与被摄人物的关系也充满了强互动的包容性与玄妙的反身观照。周浩的创作呈现出一种浑然天成,塑造了富有“触觉”质感的人物群像,其系列纪录片对当下中国社会的思辨与批判也尤为深刻与明显。

【关键词】周浩 纪录片 混沌中国

一、周浩系列纪录片创作中的主体性表达

过往的研究中,对于纪录片的定义,“客观真实”一直是首要的质的规定,而实际上,纪录片在创作过程中不可避免地具有强烈的“主观意识”。法国电影新浪潮之母阿涅斯·瓦尔达就曾说过,真实的纪录片并不存在,因为所有的电影都或多或少主观化。① 中国学者何萍也认为,纪录片正在变得更主观,与观众的互动也变得更多。② 然而,在学术界,对纪录片创作的主体性的表达一直是被人忽视的非常重要的研究部分。③ 对于一位很具有代表性的中国导演周浩来说,其系列纪录片创作,主体性的表达尤为明显。周浩的系列纪录片聚焦的主体永远是人,而从人的角度出发有两个层面的含义:一是导演自身命运变迁对创作的影响以及导演借助作品进行的主观表达;二是被拍摄者自觉的主体性表达。二者之间不断地互动、交织、渗透和作用,最终构成了其系列纪录片创作的主体性表达的整体建构。而我们必须认识到创作主

① 史馨.电影书写——“新浪潮之母”阿涅斯·瓦尔达访谈[J].电影艺术,2018(6):69.

② 何萍.只有这个现实世界的某个故事才是真正意义上的纪录电影——对话世界著名纪录片理论家莱恩·温斯顿[J].现代视听,2018(9):61.

③ 张欣.跨文化视域下的纪录片主体性研究[M].北京:社会科学出版社.2015:13-14.

体这种自我表达的重要性。①

对于周浩来说，早期在纸媒做图片摄影记者的生涯激发了他对各类社会现实类选题的兴趣，长期工作历练又培养了他尤为敏锐的嗅觉。针对图片摄影创作在时间与空间上的局限性，近年来，中国纸媒产业随着传统媒体的衰落和动荡而不断地改革，周浩觉得长期在纸质媒体工作并不十分称心如意，再加上受到怀斯曼等直接电影流派的影响，各种因素推波助澜，周浩开始尝试主动创作纪录片，用影像的方式进行主观表达。纪录片这种影像介质更自由，更不受局限，被周浩认为是观察世界的一种更好的方式。基于此，周浩的职业生涯重心从体制内的纸媒图片记者转变为独立纪录片创作者。周浩作为拍摄者的个人命运的变迁充满了自觉性与主动性，他与日本导演想田和弘一样十分反感媒体纪录片的旁白和解说词，厌恶媒体纪录片的预设立场和观点的局限性，这是一种主动的选择，即对于过去专题片宣讲观点的手法的本能反感。② 因为主体是纪录片创作中的灵魂与主导，对创作纪录片主体性的探讨是触及纪录片创作中的出发点和落脚点的根本性问题。③ 对于周浩系列纪录片创作的主体性表达来说，最核心的观念是有关“混沌”的衍生和探讨。

“混沌”这一概念，随着时代的更迭而不断地演化，但万变不离其宗，“混沌”其实就是宇宙初始的一种状态。春秋末期，老子的巨著《道德经》在“道经”的一开篇就有“无名，天地之始，有名，万物之母”（《道德经》第一章）④，用来形容天地混沌未开之际的状态。异曲同工，东汉末年的哲学家王充的《论衡 · 谈天篇》也有“二元未分，混沌为一”⑤的说法，这里把混沌视为一种整体状态，即元气未分的统一体。对于老子来说，《道德经》中最核心的概念“道”，其实就是包含混沌运动的一种规律，用来形容“道”的“渺渺蒙蒙不分上下，昏昏沉沉不辨内外”，其实就是古人心中的混沌状态。

现代学者对“混沌”的理解又有所补充。他们认为“混沌”不单单是无序的状态，而是一种貌似随机，但内在地蕴含着万物分化、发展的确定性和规律性，即系统内部的各种复杂而有机的运动和变化。对于周浩来说，“道”就是他在创作中坚守的规则和规律，诸如真诚地与被摄者相处，在开拍前不做预设立场等，而“混沌”则是他的世界观和审美角度。他希望他所拍摄的每一个选题，在拍摄前不做预设立场，而是注重拍摄过程中的新发现。这种新发现尤为重要，它让曾经的刻板印象和对事物的清晰认知

① 李共伟. 主客关系再论：纪录片创作主体的自我表达性研究［J］. 现代传播（中国传媒大学学报），2018(7)：116.

② 王小鲁. 中国独立纪录片20年观察［J］. 电影艺术，2011(6)：72.

③ 戴永. 对话显露答案——跨文化交流中的中国纪录片浅探［J］. 现代传播，2006(4)：4.

④ 陈鼓应. 老子今注今译［M］. 北京：商务印书馆，2003：8.

⑤ 黄晖. 论衡校释［M］. 北京：中华书局，2018：261.

发生转向,对以往坚定不移的固有看法,慢慢地从清晰变得模糊起来。这种“混沌”的思想,构成了一种全新的纪录片创作的主体性观念。

对于周浩来说,他镜头中的当代中国社会是“混沌”的、复杂而立体的,一言两语无法概括。其中关于“混沌”这一概念的进一步建构和确认,来源于这样一段真实经历:几年前,《南方周末》想做一个当代艺术展,反映中国改革开放的变化,请来德国汉学家阿克曼巴做这个展览的策划。开讨论会的时候,周浩问阿克曼巴:通过这个展览,你想给欧洲观众传达什么东西?阿克曼巴的回答就两个字:“混沌。”欧洲人对中国已经形成一些很固化的观点,他希望观众看完这个展览以后,对中国的概念模糊起来,不再那么坚信别人讲述的中国,而是开始用自己的方法来想象这个国家。后来,周浩把这次聊天视为自己的创作主观性表达的一次观念的顿悟,在尔后的影片创作中着意凸显。周浩的第一部纪录长片是《厚街》,拍摄地在东莞的厚街镇,那里是台湾人进入中国大陆最早的地区。这部影片除了对社会大环境的描绘外,同样有一个个鲜活的有关“人”的故事。影片里有孩子出生,有血腥的杀人事件,也有特别世俗又特别深沉的爱情。周浩镜头下的东莞厚街,呈现出一种强有力的社会混沌感,一种多维度观点碰撞后的拉扯感;纪录片凸显了周浩一种用纪录片去重新发现生活的本真,一种拒绝固有观点和预设立场的包容态度。影片中,这些东莞厚街低端制造业工人正遭遇失业的冲击,周浩并没有把责任归咎于工厂老板的无情无义,而是从世界经济危机和“9 · 11”事件对中美外贸的影响着手,捕捉工人们失业后的蛛丝马迹,用客观的影像事实展现了全球化趋势下厚街制造业在世界产业链中的位置,以及这些失业工人的颠沛流离的生活处境。在周浩这些开放的主观创作观念的主导下,他的纪录片呈现出一种真实生活的“触感”,一部又一部纪录片片构成了周浩镜头下的“混沌”中国。

同样,周浩系列纪录片中的被拍摄者也有强烈的主体性表达,纪录片其实是“生活—拍摄者—被拍摄者”三者之间共同作用的结果。纪录片不可能是完全客观真实的,它是拍摄者与被拍摄者之间长期互动与表达共同作用的结果。

比如,《龙哥》这部展现拍摄者(周浩)和被拍摄者(龙哥)之间纠葛而复杂关系的纪录片,讲述的是导演周浩认识了两位新“朋友”。周浩与这两位“朋友”的交往构成了这部片子。起初,周浩并没有想要拍成纪录片的想法,然而在交往的过程中,随着彼此感情的日益加深,他们彼此心照不宣地开始了一场纪录片的拍摄活动,导演奇迹般地记录了两位“朋友”吸毒和贩毒的生活。在这部片子的创作中,周浩不是冷酷无情的隐身观察者,他选择了将自己的对话、行为动作和被拍摄者之间的关系原原本本地展现在纪录片里。这种创作方式与那些不参与、不介入、假装拍摄者不在现场的创作方法大相径庭。对于周浩来说,拍纪录片,其实就是在讲述拍摄者和被拍摄者之间的关系，真诚往往比真实更重要。周浩将这一切，包括对纪录片这种创作形式的认知都纳入了观察、呈现和分析的范围，它像一种影像文本，对纪录片制作者和被摄者之间的关系作出了最好的诠释。

《龙哥》的主场景位于广州市郊区的一栋烂尾楼内。影片一开始，隐藏着的三三两两形色可疑的吸毒者不断地出入。他们大多精神涣散、衣衫褴褛，而在这些人当中，衣着光鲜、神采奕奕的龙哥便显得与众不同。龙哥会给毒瘾发作的同伴一点钱用来买毒品，还会帮助垂死挣扎的毒友给家人打电话，通知其家人来看望；而龙哥也会在周浩的镜头前展现翻墙的绝技。龙哥的多面形象瞬间立体起来，他的义气、可爱、人情味由此可见一斑。

同样，龙哥意识到镜头正在拍摄，他不由自主地也有一种主观表达。这种主观表达有表演成分，他希望在拍摄者的镜头中成为一个好人，一个有人情味的人，甚至还宣誓自己一定要戒毒。这个过程他邀请周浩帮他全程记录下来，而这种所谓的"表演"与"主观表达"不仅是一种真实的心声，更是被摄者对影片的主体性表达的注脚。①

但周浩通过纪录影像体现主体性表达的建构并非一蹴而就，起初并不是十分完美，2000 年左右才开始走上纪录片创作之路的周浩，对此显得十分生涩。他对纪录片本质的理解，停留在一种概念的不确信、怀疑和一种懵懂徘徊的状态中，这从他在影片中的职位署名可以看出。周浩在《厚街》中的署名并非导演周浩，而是制作者周浩，这正是源于周浩对自己作为导演这层身份的不确信和怀疑。他还在犹豫和思考：客观记录和主观表达之间的界限和平衡点究竟在哪里？如何才能平衡和统一二者之间的关系？该片前三分钟内，反反复复出现的大面积的白色字幕用来交代当时东莞的社会背景，这些冗长的字幕表明周浩在早期创作时对画面叙事和表情达意能力的欠缺。影片中，人物形象不饱满，故事脉络和线索趋向于生活流，偶尔随意地狂野推拉镜头等，都不符合电影语言语法和镜头组接技巧。长期单兵作战的工作模式，以及记者的一系列工作习惯，让周浩的早期影像充满了粗粝的质感，主体性表达也变得力量不集中。然而，周浩在慢慢地摸索和反思，不断地变换叙事角度和风格，这从《棉花》后期他与法国剪辑师的合作中可以看出。这部作品超越了原有的生活流叙事与表达，影片充满了多维度的情绪和情感递进；更难能可贵的是，后期的音乐和剪辑技巧的运用，让影像充满了诗意。周浩在后来的创作中，运用了若干电影的隐喻，为影片增色不少，也让周浩的纪录片充满了神秘和含蓄的美感。

① 郝健. 利用、权力关系与反身观照：纪录片《龙哥》细读[J]. 北京电影学院学报，2008(6)：92.

周浩从起初主体性表达的不完美,在不断变化中逐渐趋向于一种创作自觉,终于走向一种独特的影像美学。

二、周浩系列纪录片中拍摄者与被摄者的关系:互动、尊重与反身观照

周浩手中的镜头几乎总是在平视,这是他的角度,也是他的态度。在多年的创作当中,周浩与被摄者之间的关系非常有趣。周浩认为,纪录片创作最重要的其实就是讲述人与人(拍摄者与被摄者)之间的关系,一部影片永远是拍摄者与被摄者之间共同努力的结果。

《高三》讲述了福建一所小县城的高中里,年轻学子们和一位严厉而善良的班主任在高三期间的琐碎、重复和疯狂的故事。在班主任的介绍下,周浩当着全班同学的面表明了来意,表示自己要和班级同学们一同度过这段难熬而又充满意义的岁月。周浩花了大量的时间与这些孩子同吃同住同上课,他的善意与亲和力很快地让他和全班的孩子们打成一片,孩子们亲切地称呼他为"浩哥"。班级里一个叫罗佳燕的女生,在长期与周浩相处之后,决定把自己高三每天写的日记给周浩分享,最终罗佳燕的日记变成了影片中主人公的内心独白,这让影片多了一个心理时空的维度。这种文字日记转化成声音独白的过程,爆发出巨大的能量,淋漓尽致地展现了机械而高压下的高三学习生活中一个少女真实的内心世界。这是拍摄者与被摄者长期相处与互动之后产生的信任。正是这种信任,构成了拍摄者与被摄者之间的互动、尊重与反身观照。多年之后,已经大学毕业步入社会的罗佳燕仍然会和周浩保持联系,周浩也会尽可能地给予这个社会新人一点点帮助。

《孤注》中,导演与被摄者的关系互动性更加强烈。该片讲述了一位心理咨询师佟和一位默剧表演者姚,他们分别在各自的生活中遭遇突发事件而造成了严重的应激障碍;多年后,他们的身心仍然被曾经的事件所困扰。如何努力地与过去相处甚至是和解,如何抚平心理创伤,成为他们活下去的最大命题。这个特殊的题材和特殊的被摄对象,是迄今为止周浩创作生涯中面临的最大挑战。在刚开始拍摄的过程中,周浩时常会遭到应激障碍病人姚的辱骂甚至是身体攻击。如何在保护和尊重这些应激障碍病人的身心,同时又保护好创作者自身的安全并在不违背创作伦理的前提下进行创作,对于创作者来说是极大的挑战。

周浩小心翼翼,如履薄冰。在调研中,周浩花了大量的时间阅读有关应激性障碍的书籍,并邀请了多位心理学领域的顶尖专家担当顾问,进一步了解这些病人的病理和心理状态。在陪伴这些病人数月之后,周浩和被摄对象们建立了彼此的信任。与此

同时,周浩勇敢地从摄影机后面走出,站到了镜头面前,将自己视为"另一个主人公"或者说是"另一个被摄者"。周浩完成了一种身份和视角切换,他将自己的一切思考、他和这些病人相处过程中发生的故事以及他与他们的关系,都一股脑地原原本本地呈现出来。这进一步验证了他的一种观点:真诚比真实更重要。周浩选择鼓起勇气、孤注一掷地陪伴这些被摄者走下去,和他们一起面对身心的困扰,一起为活下去而努力。周浩认为,无论面临多大的挑战,相濡以沫的陪伴和温暖的关怀对于这些病人来说,比什么都重要。

在当下中国媒体的语境中,周浩系列纪录片的肌理和美学姿态,与CCTV新闻和专题片美学中那种浸透骨髓的居高临下态度和固定评说形成鲜明对比。① 周浩用摄镜头捕捉的素材和故事,更多的是从生活中自然流淌出来的,这种自然和真诚感,取决于拍摄者与被摄者之间的良性互动,取决于拍摄者的人品和心态,更取决于拍摄者对被摄者的反身观照。

三、周浩系列纪录片对当下中国社会的意义:反思与批判

有人说,周浩就是中国的怀斯曼,他的摄影机就像外科大夫手中紧紧握着的锋利手术刀,他毫不留情地一刀切开,将中国当下社会的肌理展示给你看。诚然,周浩和怀斯曼的影片都具有某种社会属性,这些影像媒介的客观呈现是社会现实的真实写照,同时又可以反作用于当今社会,促使人们深入反思,甚至可能会间接地推动某些法律法规的修改和制定。

但周浩和怀斯曼又有所不同。怀斯曼镜头下的焦点更多的是社会机构,诸如医院、学校、动物园等,而且他的镜头非常讲究,影像充满韵味和节奏感,在对社会问题的反思方面,更具有西方的批判精神——强烈而不留情面。而周浩镜头聚焦的主角永远是人,关注国人的个体命运和群体命运与时代的关系,他的纪录片带有浓厚的记者型导演的味道,所关注的命题是当下中国人生活的方方面面,试图全方位地呈现一幅幅生活图景。与怀斯曼的批判不同,周浩的影片多了一些温情和含蓄,也多了一些理性和平衡,与其说是对当今社会问题的批判,不如说是对社会问题的反思和对自己未来创作的反求诸己。西方文化具有侵略性,往往是向外寻找某种可以解决问题的办法;而东方文化则更含蓄,更多地向内寻求答案,以至于反求诸己。从周浩的系列纪录片可以看出,周浩拍纪录片是他观察世界的方法,这些系列纪录片呈现出一种思辨性。

---

① 郝健. 利用、权力关系与反身观照:纪录片《龙哥》细读[J]. 北京电影学院学报,2008(6):91.

这种思辨是一种向内的反求诸己,反思自己对“真实”和“客观”的理解是否存在偏差,反思纪录片制作者与被拍摄者之间应有的关系,反思自己对复杂社会问题的理性思考与判断。

周浩的作品常常汇聚各方观点,并使这些观点互相作用和平衡,从而产生一种强有力的拉扯感和戏剧张力。这有别于王男袱等华裔导演为了迎合西方所谓的“民主、自由”等价值观和意识形态而对社会问题的阐述。他们的阐述往往投合西方人的喜好,把全部社会问题的责任归咎于时代和政府。这种非黑即白的二元论思想,是极其片面的。而周浩的作品往往有高屋建瓴之势。全球化的时代浪潮,裹挟着每一个国家,每个国家都在全球化的语境中寻找自己的位置并试图发挥自己的优势。经济全球化浪潮中的中国,正在强劲地发展。周浩在一次调研当中灵机一动,拍摄《棉花》的念头油然而生。这部影片从中国新疆种植棉花的农民开始拍起,展现了采棉者、布料和棉纺厂、服装生产商、零售商以及最终穿着牛仔裤的美国消费者之间的微妙联系。《棉花》的创作历经八年时光,最终创作完成,并且荣获了第51届台湾电影金马奖最佳纪录片奖。它在全球化时代背景下,用宏大的格局与视角解剖中国社会的棉花和制衣产业链条的发展与变迁,关注一个个鲜活的个体命运,启发人们重新思考社会与个体的关系,思考中国制造业在世界的地位,思考命运共同体这个伟大的构想下中国与其他国家的关系。

周浩的另一部金马奖获奖影片《大同》则是以时任大同市市长耿彦波为主人公,记录了他任职市长期间力推城市改造的全过程。转型下的山西省大同市发展前景黯淡,城建落后,污染严重,经济转型面临瓶颈,耿彦波急切地想改变这一切。于是,耿市长每天奔波在城市改造的第一线,监督工程建设,强化制度管理,听取百姓民意,努力推进“文化大同”的转型规划。然而,个人意志与集体管理、城市发展与市民利益之间充满矛盾和悖论,各方力量在不断地拉扯,最终耿彦波市长被调任太原,新上任的市长停止了前任的工作思路,叫停了很多正在进行的工程。

影片中描述了大同城市广场上,用毛笔在地上练书法的山西男人在地面上书写着“大同,大不同”几个大字,这时几个看热闹的市民围了上来,他们善意地称呼正在拍摄的导演周浩为中国的安东尼奥尼。这些影片的细节,包括影片开篇城市拆迁中楼房倒塌的场景,以及小学生笼罩在一片烟霾的街道当中捂紧口鼻快步离开的画面,无不展现了社会发展的真实现状。而周浩并没有给出自己确定的答案,他只是从多方面、多视角的影像观察出发,试图还原一个完整的社会真实面相而已。城市的发展是固守常态还是大胆改革,如何保持城市建设和改革的持续性,这是个问题,但并没有固定的答案。周浩用影像呈现出一种复杂的多元性,这种多元性形成一种多维度的思考脉络,含蓄地让观众自己去参与体会,导演不做单一的解释和判断。这是一种成熟而理性的表述。

周浩在《一席》的演讲中,描述了他多年来对纪录片创作的思考和对社会发展的认知,这个颇具"禅意"的小故事来源于他的亲身经历。

多年前,他和云科院的一位朋友,徒步穿越"三江并流",做一个地理的调研项目。其间,他们过峡谷、攀雪山、趟溪流,走了整整一天。迷路、饥饿、困顿,使得他们边走边骂。可是隔天他们想起来这段"糟糕"的旅途,却充满怀念。他们怀念曾经路上看到的美丽风景,他们期待如果将来有机会再走一次。这也许就是人生,或者说纪录片创作的意义,正是一个痛并快乐的过程。①

综上所述,纪录片是一种"视觉"在场,也是一种静观式的影像纪录。② 周浩镜头下的影像中国是个体成长和集体变迁的共同记忆,是国家太平盛世的备忘录。周浩导演的系列纪录片在主体性的表达、拍摄者与被摄者关系处理上的理性与克制,以及他对社会问题的"反求诸己"式的自省精神,对于当代中国社会以及纪录片行业有着十分重要的意义。

随着社会的发展,新媒体的助推,纪录片在下一个阶段的发展将呈现出良好的态势。③ 周浩的纪录片创作也在努力地和时代融合,与新媒体握手。在创作流程上,周浩从独立拍摄到与团队合作,从个人独立剪辑和发行,到邀请国际剪辑师参与以及国际联合制片发行,周浩的系列纪录片从粗粝变得含蓄而精致。近几年来,周浩与腾讯视频等新媒体合作的纪录片如《一团火》《一年》《7%》等在互联网上成功地播出之后,社会反响强烈。伴随着中国纪录片行业的迅猛发展,周浩的纪录片创作水准将会有更大的提升空间。一个又一个像周浩一样的纪录片制作人要学会与市场接轨,主动研究纪录片市场传播规律,学会利用新媒体等吸引更多的受众,拍出更多能反映时代精神和百姓精神风貌的充满正能量的纪录片作品。随着以周浩为代表的一批纪录片创作主力在科技和艺术创作领域的不懈实践,中国纪录片的春天必然会早日到来。

〔陈颂,华中师范大学传媒学院讲师,台湾艺术大学传播学院2019届博士生,主要研究方向:世界电影和纪录片产业与制作,电影美学,国产纪录片院线发行与营销〕

① 肖露,张玲玉. 周浩:社会话语就是纪录片的底色[J]. 当代贵州,2007(7):55.

② 梅云飞. 文献纪录片对社会记忆建构的价值——以文献纪录片《长征》为例[J]. 现代视听,2018(2):51.

③ 李智. 产业化视角下中国纪录片的历史进程与发展前瞻(1978—2018)[J]. 当代电影,2019(9):57.

“腐文化”·名场面·弱弹性市场:《陈情令》文化与价格双重策略的合谋与共赢

龚 力

【摘要】以一种跨媒介的方式,实现了将“腐文化”的心理期待投射于荧幕上的精神需求,这正是《陈情令》配合原耽美IP进行跨媒介叙事的文化策略。《陈情令》与原著、动画作品的跨媒介叙事不只在于内容上的互补延伸,而更多的是对“腐文化”与主流文化紧张关系的一种微妙的消解。“名场面”诞生于原IP的文化源头,而网剧对“名场面”的还原反过来使这一完整IP神话获得了其本身的意味。知识经济时代,《陈情令》的“价格歧视”策略的受众市场细分将需求弹性较小的那部分忠实粉丝市场开垦出来,实行付费定价。

【关键词】IP 《陈情令》 文化策略 价格策略 跨媒介叙事

2019年暑期档,由腾讯视频独播的网剧《陈情令》在剧集市场完成了一次口碑与评分的逆袭。每经影视数据显示,在2019年暑期档爱奇艺、优酷、腾讯视频三大平台的热播剧中,《陈情令》以最高热度与最高微博话题讨论量位居关注榜的榜首,而其豆瓣评分也由开播后的4.8分上升到播放结束时的7.8分,仅次于优酷主力运营的《长安十二时辰》的8.5分。作为IP改编剧,由于主演缺乏名气、原著作者身陷抄袭风波等多方因素,《陈情令》最初并不被人看好。而经由剧情的推动、“名场面”的还原、原IP忠实粉丝的托底,《陈情令》逐渐获得了更为广泛的观众群体。剧方与平台对原IP文化资源的整合与重新布局成为网生代《陈情令》依托媒介力量重振口碑、广纳粉丝与获取利益的重要策略。

一、“腐文化”的跨媒介投射

《陈情令》改编自墨香铜臭的耽美网络小说《魔道祖师》。托生于耽美亚文化圈的“腐文”多以满足“腐女”群体的阅读需求与心理欲望为创作目标,将各种风格类型的故事置身于女性观看的客体位置。而在近年,这种"腐女"群体的传统化、扩大化成为不可逆转的趋势。同时期作为仙侠小说的《魔道祖师》,正是得益于仙侠剧天然的受众亲缘性而由"腐文""升级"为视觉形象的优质对象。事实上,对于《魔道祖师》的视觉改编已经完成了由"一次元"到"二次元"的一轮改编①。直到《陈情令》对原 IP 的二轮改编,《魔道祖师》IP 已经基本完成了其 IP 产业生命周期的旅程。同时由于其原 IP 的热度与深厚的粉丝基础,不少同人小说也参与了对原 IP 的解读与创作。这就形成了当下对原 IP 的多媒介呈现与延伸的创作格局,以及整合书粉、动画粉、剧粉或兼而有之的互动观众结构。

《陈情令》以原 IP 的世界观为背景,讲述了云梦江氏大弟子魏无羡与姑苏蓝氏含光君蓝忘机二人携手探寻真相与对抗邪祟的故事。该剧主要刻画了魏无羡与蓝忘机纯粹而深厚的兄弟情义。不论是作为"腐文"小说搬演至荧幕的必要规范,还是对耽美亚文化的主流化"收编",《陈情令》舍弃了原著中的耽美情节,而代之以兄弟之情、朋友之情、知己之情标注界限。而这一方面为该剧增加了相当一部分的传统观众及粉丝,另一方面也不会丢失原耽美 IP 的忠实粉丝。原耽美 IP 粉丝对于改编剧有着较强的心理期待,同时摄影机天然地以视觉真实进行筑梦的能力,使得原 IP 粉丝迫不及待地希望将文字无法呈现的直观形象纳入可见的视野,再通过影视剧的具象参照"脑补"原已在头脑中形成的耽美画面。影视剧以一种跨媒介的方式,实现了将"腐文化"的心理期待投射于荧幕上的精神需求。而这也是《陈情令》配合原耽美 IP 进行跨媒介叙事的文化策略。

美国著名媒体分析家詹金斯指出,媒介融合的概念包括"横跨多种媒体平台的内容流动、多种媒体产业之间的合作以及那些四处寻求各种娱乐体验的媒体受众的迁移行为等"②。而不论是由书粉到剧粉的顺向迁移,还是剧粉到书粉的逆向迁移,观众越来越倾向于通过各种媒介渠道去挖掘 IP 的更多意涵。《陈情令》的高明之处就在于,虽然由兄弟之情替代耽美之情,但对于魏无羡与蓝忘机二人"暧昧性"表达的不点破,观众能够各自按照符合自己的期待去理解,从而最大限度地争取到了暑期档的观众。而素来作为仙侠剧观影主力军的网生代年轻群体,相对更容易受到新事物、新文化的影响,在耽美粉丝群体的社区讨论与弹幕植入的先验经验中,这一属于主流文化领域的群体也能朝向耽美情节的方向去理解与想

① 七壶夏在虹膜平台的原创文章《从 4.8 到 8.0,这是我见过最大的国产剧评分逆袭》中指出,耽美网络小说圈早就摸索出了一套自己的发展模式,借由"网生代"读者,依托网络跨媒体发展,基本的路线是从书(一次元)到广播剧和动画改编(二次元),最后走上电视荧幕或者大银幕(三次元)。

② 詹金斯. 融合文化:新媒体和旧媒体的冲突地带[M]. 杜永明,译. 北京:商务印书馆,2012:30.

象。而这所有对于兄弟情谊背后的"腐文化"延伸,作为一种战略部署,深深根植并受益于媒介融合背景下以各种媒体内容互补协同增效的跨媒介叙事的能力。与詹金斯所认为的跨媒介叙事的理想形式不同的是,《陈情令》与原著、动画作品的跨媒介叙事不只在于内容上的互补延伸(这或许也是当下中国媒介叙事的一个努力方向),而更多的是对"腐文化"与主流文化紧张关系的一种微妙的消解。在"腐文化"巧妙地依附于主流文化的过程中,对于更广阔的传统粉丝群体而言,则在一定程度上形成了一种"文化增益"。"文化增益"由国内学者刘藩提出,其原意是指"影视产品跨国贸易中吸引力增强的现象"①。在这里笔者引申理解为《陈情令》的这种跨文化改编而导致的由剧到原IP的吸引力增强的现象。而正是"文化增益"的产生最终促进了腾讯视频的收益增加。

二、"名场面"的完整IP神话

弹幕作为依附于文本的受众参与式文化表征早已屡见不鲜,在《陈情令》中,常常可见"名场面来了"等弹幕提示。作为一个已经在网络中被广泛使用的概念,"名场面"的评定标准早已脱离了既定的要素,成为观众或粉丝的个人或集体产生强烈感受的情节片段。对于拥有为数众多粉丝群体的《魔道祖师》IP,其早已在"一次元"阶段便形成了粉丝社区内所公认的"名场面",而"名场面"往往能够代表文本的精髓或具备较大的影响力。因此,原著粉在观看《陈情令》的过程中,便将"名场面"作为衡量剧作好坏的重要标准。一方面,粉丝亟待将脑海中、动画中及社区中的"名场面"付诸官方(或共同认可的)影像;另一方面,"名场面"的出现与否、质量优劣关乎着原IP粉丝对IP故事的完整性构建。

巴赞的"完整电影神话"是关于再现世界原貌的神话,巴赞指出:"电影就是从萦绕在这些人脑际的共同念头之中,即从一个神话中诞生出来的,这个神话就是完整电影神话。"②在跨媒介叙事的语境下,文本的完整再现能力受到了限制,"完整电影"抑或"完整网剧",已经难以满足受众对"完整"的认知边界。正如网剧文本需要依托原著小说展开文化的多元性与完整性,原著小说同样有赖于网剧文本实现视线空间的完整性,而"名场面"的还原使原IP获得了巴赞意义上的粉丝脑际共同想象的统一,即"名场面"诞生于原IP的文化源头,因而原IP即是之于"名场面"的完

① 刘藩.电影产业经济学[M].北京:文化艺术出版社,2010:17.

② 巴赞.电影是什么?[M].崔君衍,译.北京:商务印书馆,2017:17.

整IP神话。而网剧“名场面”的还原反过来也使这一完整IP神话获得了其本身的意味。

《陈情令》中原IP的“名场面”被悉数还原,包括蓝湛醉酒、穷奇道夜奔、放兔子灯、静室罚抄、玄武洞相依,等等。而这作为一种群体心理认同与协商一致的结果,又促使《陈情令》的传播能够被分割与再拼贴。首先是腾讯视频官方以“名场面”为基本段落,输出剧集花絮赚取流量,最大限度地利用了“名场面”的粉丝吸引力。其次,目前哔哩哔哩网站上关于《陈情令》(尤其是“名场面”)的同人剪辑视频中,“播放量最多的已经高达254万”①。此外,抖音等短视频App也呈现了大量《陈情令》中的“名场面”。可见,“名场面”的保留,一方面作为完整IP神话的实现与粉丝保持了密切的关系,另一方面又作为一种传播的单位,源源不断地充实着自身的文化生产力,延伸了网剧的生命周期。

三、“弱弹性市场”的供需运作

事件营销素来是影视作品营销的重要策略,而作为一部在上线前“零宣传”的网剧,《陈情令》的事件营销是被动形成的。腾讯视频在《陈情令》的播出策略中,首次采用了大结局提前一周以付费点播的形式对VIP用户开放的打包套装。这一策略本身便使得《陈情令》作为一个颇受争议的舆论事件获得了大众的关注,而在这种众声喧哗中,《陈情令》仍然获得了粉丝们的支持,腾讯视频因此吸金7800万。② 这实际上是一种文化产品销售的“价格歧视”。价格歧视是指“商品或服务的提供者在向不同的顾客提供相同的商品或服务时,在顾客之间实行不同的销售价格或收费标准。”③对于影视产品而言,这种价格歧视所导致的差异并不在产品的价值量,而体现在观众对于信息的需求程度、重要性认定等方面。具体对于《陈情令》而言就是信息获取时间的差异。其本质是对粉丝与一般观众的受众市场细分。对于花费了30元付费点播大结局的VIP观众,其能够享受到提前一周获得故事的信息;而没有付费的VIP观众,由于只花费了每月基本的会员费,则只能晚一周知晓故事的走向。

显然,这种结局付费提前观看的策略一方面成为腾讯视频获取超额利润的手段

---

① 从4.8到8.0,这是我见过最大的国产剧评分逆袭[EB/OL].(2019-08-25)[2020-09-30]. https://www.360doc.com/conter/h9/0825/22/52080933_857052751.shtml.

② 三个男人的夏天与一堆影视上市公司的凉凉[EB/OL].(2019-08-15)[2020-09-30]. http://36kr.com/p/1724184444929. https://mp.weixin.qq.com/s/cce_31Z-SDh-tLRFr5TCEA.

③ 刘藩.电影产业经济学[M].北京:文化艺术出版社,2010:26.

(对于影视产品而言,其边际成本微乎其微。腾讯视频只是提前一周提供付费观看,可以说这一商品的成本几乎为零,因而腾讯视频所获利的 7800 万元可以作为企业的纯利润);另一方面也显示出腾讯视频对于受众市场细分的高瞻远瞩、深谙其道。对于《陈情令》的铁杆剧粉而言,一旦腾讯视频出售这一能够提前观看的商品,粉丝们便迫不及待地去付款。这类受众属于对产品的需求弹性较小的忠实受众,较为坚定地要去购买产品,因此受价格波动的影响较小,敏感程度较小。而对于《陈情令》的一般观众而言,由于其对产品的认同程度较忠实观众低,属于需求弹性较大的受众,其购买此类产品受价格波动的影响较大,敏感程度较大,对于这类受众而言,企业通常采取低价的定价策略。由于《陈情令》的这次付费点播方式只设置了买或不买两档,即 30 元或 0 元(此处暂时不考虑会员的月包费、季包费、年包费),因此这一"价格歧视"策略的受众市场细分仅仅是将需求弹性较小的那部分忠实粉丝市场开垦出来,实行付费定价(所定价格并不高,这实际上是基于腾讯视频认准该剧铁杆粉丝量的庞大而采取的"薄利多销"),以获取经济利益。实质上,《陈情令》正是通过对弱弹性受众市场的积极运作,制造信息需求,利用腾讯视频对《陈情令》的版权买断,而形成一种时间经济。

在知识经济时代,尽管腾讯视频该次"事件营销"遭受了较大争议,然而,作为结局付费提前观看的首创,却提示着大众一种新的信息消费观的养成趋势。付费提前观看的意识正塑造着大众"信息即金钱"的观念。同时,该事件营销同样塑形着大众对于版权意识的强化。腾讯视频的差异定价策略正倒逼着受众去养成一种信息消费、知识消费、时间消费的习惯,而这也反映出版权所代表的文化作为一种商品属性存在的社会生产力。而这一生产力的发展又必不可少地以媒介联动与粉丝力量为依托。

四、结　语

《陈情令》的逆袭是依托原 IP 粉丝资源不断向外扩张的必然结果,是一次以文化迁移为策略、多媒介形式共同作用的信息增值范例。跨媒体叙事一方面极大地利用了网生代粉丝群体的参与性,一方面又补足了剧版文本对原 IP 耽美文化的掩盖。而这种掩盖本身却生成了剧版文本的多义性与可读性,在拥有原 IP 稳定粉丝群体的基础上,不断扩大粉丝范围,更延伸至传统观众领域。这不仅使腐文化粉丝的耽美需求得到了投射性满足,而且也使更广阔领域的观众或粉丝的需求得到了满足。而对原著还原程度较高的大量"名场面",是对 IP 文化资源的再度挖掘,其引发了原 IP 粉丝社区的集体共鸣,并形成了《陈情令》碎片化、段落化的高曝光率传播模式。强有力的粉丝基础成为腾讯视频实现信息溢价的关键依据,通过忠实粉丝的低需求弹性,划分受众市场,积极运作弱弹性市场,调整供需结构,生产制造信息产品,使付费提前点播以一种全新的模式为企业实现了低边际成本的即时性收益。《陈情令》以其商品与文化艺术的双重属性实现了经济效益与社会效益的双丰收。

〔龚力,重庆师范大学新闻与传媒学院广播电视专业2016级硕士研究生,主要研究方向:影视理论与影视创作〕

美术与设计

“桃花源”之园林思想及其影响*

胡武生

【摘要】“桃花源”是陶渊明虚构的一个理想世界,亦成为后人眼中一座理想的田园式园林。其中体现了陶渊明和谐、自然、闹中取静、障景、曲径通幽的园林思想。这些思想对后世文人及造园家产生了较大影响,明代著名园林艺术理论专著《园冶》中多有继承。《园冶》“村庄地”篇,曹雪芹大观园“稻香村”的设计,都可见“桃花源”的影子。

【关键词】陶渊明　桃花源　园林文学　园林思想

《桃花源记》里,陶渊明借武陵人一双好奇的眼睛,渐次深入地将人们带入一个神奇的古老村落——“桃花源”。“桃花源”是陶渊明虚构的一个理想世界,却又总是无比真实地呈现于后人的脑海里,盖其高于现实而源于现实之故也。“桃花源”处处可见陶渊明“园田居”的影子。“园田居”是富有诗意的现实园林,陶渊明借此开辟出一个全新的园林类型——田园式园林。如果说,“园田居”里除了采菊东篱、饮酒赋诗、鸡鸣狗吠等自然、和平景象外,尚有灾荒、贫寒、饥饿、乞讨等不和谐场景,“桃花源”则是陶渊明以浪漫手法绘制的一幅水墨田园图——滤去了人世所有的忧愁、烦恼、悲伤、痛苦。“桃花源”,这隔绝于凡尘人间的世外园林,更纯粹、理性而充分地体现着陶渊明的园林思想。

一、和谐:“童孺纵行歌,斑白欢游诣”

陶渊明对“桃花源”的描写用墨不多,但寥寥几笔即将一派和谐景象勾勒了出来:

土地平旷,屋舍俨然,有良田、美池、桑竹之属。阡陌交通,鸡犬相闻。其

* 基金项目:2019 年苏州市职业大学“引进人才科研启动金资助项目”(编号:201905000004)研究成果。

中往来种作，男女衣着，悉如外人。黄发垂髫，并怡然自乐。①（《桃花源记》）

春蚕收长丝，秋熟靡王税。荒路暧交通，鸡犬互鸣吠。俎豆犹古法，衣裳无新制。童孺纵行歌，斑白欢游诣。②（《桃花源诗》）

"土地平旷，屋舍俨然，有良田美池桑竹之属。阡陌交通，鸡犬相闻"，由远至近，这是对村庄及其周围环境的描写，充分展示了人与自然之和谐。"良田""美池""桑竹"，正寄寓着陶渊明以自然风物经营其居室的田园理想。"鸡犬相闻""鸡犬互鸣吠"以动衬静，暗喻了一个和平、安宁的环境，是其现实生活"狗吠深巷中，鸡鸣桑树颠"③（《归园田居五首》其一）场景的照搬，其实也在不经意间暗喻着人与人之和谐。

"桃花源"里生产力低下，人们的物质生活水平也不高，大家都要从事力所能及的体力劳动，但这里没有钩心斗角、尔虞我诈，没有剥削与压迫，是一个人人平等、和平安宁的世界。"往来种作""黄发垂髫，并怡然自乐""童孺纵行歌，斑白欢游诣"承前之鸡鸣犬吠，以人们勤于劳作、安于生活，老人儿童怡然自乐，直接展示了人与人之和谐，"纵行歌""欢游诣"尤其生动形象。

村里人对待武陵人的态度表现了人们的善良。武陵人误入"桃花源"，村里人"见渔人，乃大惊，问所从来"，待弄清楚情况后，"便要还家，为设酒杀鸡作食。村中闻有此人，咸来问讯""余人各复延至其家，皆出酒食"④，表现出其淳朴、善良与热情好客的一面。"桃花源"人对待陌生人的态度，可谓以例为证，进一步"证明"了"桃花源"里人与人之间的和谐。

后世园林主人，莫不以和谐为宗，追求人与自然之和谐、人与人之和谐。"好鸟要朋，群麋偕侣"⑤（计成《园冶》）、"隔林鸠唤雨，断岸马嘶风"⑥（计成《园冶》），这是以自然之眼平观世界，"万物与我为一"⑦（《庄子·齐物论》），故而自然万物亦具人之情感，活泼灵动、生生不息。"山楼凭远，纵目皆然；竹坞寻幽，醉心即是"⑧（计成《园冶》），在人与自然的互动、交流中获得内心之愉悦，身心之和谐。"日竞花朝，宵分月夕，家庭侍酒，须开锦幛之藏"⑨（计成《园冶》），正值花好月圆之夜，家人团聚，其乐融

① 逯钦立. 陶渊明集校注[M]. 北京：中华书局，1979：165.
② 逯钦立. 陶渊明集校注[M]. 北京：中华书局，1979：167.
③ 逯钦立. 陶渊明集校注[M]. 北京：中华书局，1979：40.
④ 逯钦立. 陶渊明集校注[M]. 北京：中华书局，1979：165-166.
⑤ 陈植. 园冶注释[M]. 北京：中国建筑工业出版社，1988：58.
⑥ 陈植. 园冶注释[M]. 北京：中国建筑工业出版社，1988：64.
⑦ 孙通海. 庄子译注[M]. 北京：中华书局，2007：13.
⑧ 陈植. 园冶注释[M]. 北京：中国建筑工业出版社，1988：51.
⑨ 陈植. 园冶注释[M]. 北京：中国建筑工业出版社，1988：66.

融。“花落呼童,竹深留客;任看主人何必问,还要姓字不须题”[①]“客集征诗,量罚金谷之数”[②](计成《园冶》),好友相邀,园林共赏,诗酒风流,若偶有生客擅入,随去随来,惟心灵相契而已。清人袁枚于南京小仓山下购建随园,“每至春秋佳日,士女如云。主人亦听其往来,全无遮拦”[③](袁枚《随园诗话》),更在门上贴联道:“放鹤去寻山鸟客,任人来看四时花。”恰是计成追求之境。可见,古人于喧嚣、热闹之外,往往借园林求得一隅心灵之“桃花源”,以获得内与外、身与心之和谐。

二、自然:“相命肆农耕,日入从所憩”

“桃花源”为山水所环绕,与自然融为一体,呈现出一派自然状态。进入村庄的道路,“往迹浸复湮,来径遂芜废”[④],由于多年无人通行,早已荒废湮没。没有人修整,亦无需修整。村庄的屋舍,都依山傍水而建;田地,随地势高下而垦。没有高门华屋、楼台亭阁,唯有被“良田、美池、桑竹”所环绕之茅顶土屋,村居环境虽朴素、简陋,却整洁、干净,体现了融入自然、天人合一的状态。

村里人的生活,也处于一种自然的状态。“其中往来种作,男女衣着,悉如外人”[⑤],他们的劳动与衣着,依然如旧,并无特异的地方。《桃花源诗》的描写更具体:“相命肆农耕,日入从所憩。桑竹垂余荫,菽稷随时艺。春蚕收长丝,秋熟靡王税。荒路暧交通,鸡犬互鸣吠。俎豆犹古法,衣裳无新制。”[⑥]大家日出而作、日入而息,随着季节变化栽菽种稷、植桑树竹,四季轮回、周而复始,甚至祭祀、衣裳数百年不改旧制。更为甚者,“草荣识节和,木衰知风厉。虽无纪历志,四时自成岁”[⑦],村里连纪年计时的日历也不需要,看日升月落、寒来暑往即安排了每日的劳动与生活,可谓“山中无甲子,寒尽不知年、[⑧](太上隐者《山居书事》)“山静似太古,日长如小年”[⑨](唐庚《醉眠》)之浑然境界。

后世文人,屡以居室得自然之趣为佳,如南朝宋著名隐士、音乐家戴颙,曾因家贫而“出居吴下”,“吴下士人共为筑室,聚石引水,植林开涧,少时繁密,有若自然”[⑩]

---

① 陈植.园冶注释[M].北京:中国建筑工业出版社,1988:64.
② 陈植.园冶注释[M].北京:中国建筑工业出版社,1988:66.
③ 王英志.袁枚全集新编(九)[M].杭州:浙江古籍出版社,2015:414.
④⑥⑦ 逯钦立.陶渊明集校注[M].北京:中华书局,1979:167.
⑤ 逯钦立.陶渊明集校注[M].北京:中华书局,1979:165.
⑧ 吴承恩.西游记[M].南京:江苏古籍出版社,1992:3.
⑨ 罗大经.鹤林玉露[M].北京:中华书局,1983:304.
⑩ 沈约.宋书[M].北京:中华书局,1974:2277.

(《宋书·戴颙传》)。与戴颙同时代人刘勔也曾"经始钟岭之南,以为栖息,聚石蓄水,仿佛丘中"①(《宋书·刘勔传》)。袁枚的随园原为江宁织造隋赫德的隋园,购买后就势取景,稍加葺治,"茨墙剪阖,易檐改涂。随其高,为置江楼;随其下,为置溪亭;随其夹涧,为之桥;随其湍流,为之舟;随其地之隆中而欹侧也,为缀峰岫;随其蓊郁而旷也,为设宧窔。或扶而起之,或挤而止之,皆随其丰杀繁瘠,就势取景,而莫之夭阏者"②(袁枚《随园记》),并据此改名"随园",取随性自然之意。

曹雪芹在《红楼梦》里,借宝玉之口表达了园林须"天然",要有"自然之理、自然之趣"的观点。他认为大观园横空"插"进一个"稻香村",与周围的景观极不协调,人工痕迹太明显,不仅突兀,而且做作:"此处置一田庄,分明是人力造作成的:远无邻村,近不负郭,背山无脉,临水无源,高无隐寺之塔,下无通市之桥,峭然孤出,似非大观",又说:"古人云'天然图画'四字,正恐非其地而强为其地,非其山而强为其山,即百般精巧,终不相宜。"③显然,曹雪芹认为园林设计需追求自然之境。

历代造园家,亦以自然为宗,以"虽由人作,宛自天开"④(计成《园冶》)为造园之基本准则。计成在《园冶》"相地"篇中,认为"园地惟山林最胜"⑤,因为山林地"有高有凹,有曲有深,有峻而悬,有平而坦,自成天然之趣,不烦人事之工"⑥。他还指出,"园基不拘方向,地势自有高低;涉门成趣,得景随形,或傍山林,欲通河沼""相地合宜,构园得体"⑦,园址的选择不必拘泥于方位,以地势之自然高下者为佳,园址选择合宜,造园也就更容易得体。另外,园林要尽可能多一些自然野趣,"夫编篱斯胜花屏,似多野致,深得山林趣味"⑧,一排绿篱笆之所以胜过一墙花屏,就是因为多了一些自然风致,深得山林之风味。

三、闹中取静:障景和曲径通幽

《桃花源记》云:"林尽水源,便得一山,山有小口,仿佛若有光。便舍船,从口入。初极狭,才通人。复行数十步,豁然开朗。"⑨武陵人发现"桃花源",并非开门见山,而

① 沈约.宋书[M].北京:中华书局,1974:2195.
② 王英志.袁枚全集新编(五)[M].杭州:浙江古籍出版社,2015:233.
③ 曹雪芹,高鹗.红楼梦[M].上海:上海古籍出版社,2009:114.
④ 陈植.园冶注释[M].北京:中国建筑工业出版社,1988:51.
⑤⑥ 陈植.园冶注释[M].北京:中国建筑工业出版社,1988:58.
⑦ 陈植.园冶注释[M].北京:中国建筑工业出版社,1988:56.
⑧ 陈植.园冶注释[M].北京:中国建筑工业出版社,1988:184.
⑨ 逯钦立.陶渊明集校注[M].北京:中华书局,1979:165.

是经历了一番寻寻觅觅的过程。先是为山所挡,穿过小洞,经过一番曲径通幽之后,才将“桃花源”的全貌展现在人们面前,可谓“千呼万唤始出来”。后世园林障景与曲径通幽之法,正与此一脉相承。

古代园林,真正僻居山野者毕竟为少数,正如计成所言:“足征市隐,犹胜巢居,能为闹处寻幽,胡舍近方图远?”①(计成《园冶》)所谓“大隐隐朝市”②(王康琚《反招隐诗》),大多数园林主人,还是会将园林建于靠近城镇之市廛,“结庐在人境”的,因为市郊生活毕竟更为方便,仿佛“城市山林”,不出城郭却可得山林之趣。地处闹市,却又要求得一方净土,达到闹中取静之效,则园林与市廛、静与闹之间的隔断便极为关键了。“桃花源”的障景和曲径通幽之法,给了造园家极大的启示。计成云:“市井不可园也;如园之,必向幽偏可筑,邻虽近俗,门掩无哗。开径逶迤,竹木遥飞叠雉;临濠蜿蜒,柴荆横引长虹。”③(计成《园冶》)临近闹市的园林,往往要自入口处修建一条蜿蜒曲折的小径,先将人从闹市渐次引至静处,才最后展示园林的全貌。

如《红楼梦》大观园的设计,进入大门,迎头便是“一带翠嶂挡在面前”,贾政说得好:“非此一山,一进来园中所有之景悉入目中,更有何趣?”④顺着一条“羊肠小径”,“逶迤走进山口”,“进入石洞,只见佳木茏葱,奇花烂漫,一带清流,从花木深处泻于石隙之下。再进数步,渐向北边,平坦宽豁,两边飞楼插空,雕甍绣槛,皆隐于山坳树杪之间”⑤,与陶渊明对“桃花源”的设计不啻神似,亦形似也。再如被誉为“中国四大名园”之一的苏州留园。进入留园大门,便是一条屈折回复的游廊,虽然园中的飞檐翘角、水光山色不时从两边的漏窗中浮现,但也只是碎片式的浮光掠影,直到绕过最后一道门洞,园内景色终于对游人敞开怀抱,显山露水。此外,北京颐和园之“武陵春色”、苏州拙政园之旧入口等,也采用了“桃花源”入口的曲径通幽之法。

陶渊明虚构之桃源诗境,对明代著名造园家计成的影响极大,除上文所引,其《园冶·村庄地》一篇,尤其处处可见“桃花源”的影子:

> 古之乐田园者,居于畎亩之中;今耽丘壑者,选村庄之胜。团团篱落,处处桑麻;凿水为濠,挑堤种柳;门楼知稼,廊庑连芸。约十亩之基,须开池者三,曲折有情,疏源正可;余七分之地,为叠土者四,高卑无论,栽竹相宜。堂虚绿野犹开,花隐重门若掩。掇石莫知山假,到桥若谓津通。桃李成蹊,楼台

①③ 陈植.园冶注释[M].北京:中国建筑工业出版社,1988:60.
② 逯钦立.先秦汉魏晋南北朝诗[M].北京:中华书局,2017:953.
④ 曹雪芹,高鹗.红楼梦[M].上海:上海古籍出版社,2009:113.
⑤ 曹雪芹,高鹗.红楼梦[M].上海:上海古籍出版社,2009:114.

入画。围墙编棘,窦留山犬迎人;曲径绕篱,苔破家童扫叶。秋老蜂房未割,西成鹤廪先支。安闲莫管稻粱谋,沽酒不辞风雪路;归林得意,老圃有余。①(计成《园冶》)

其中对"畎亩""丘壑""绿野"等村庄环境的描写,"团团篱落,处处桑麻;凿水为濠,挑堤种柳""围墙编棘,窦留山犬迎人;曲径绕篱,苔破家童扫叶"等田园风物的展示,乃至"归林得意,老圃有余"之村居生活等,都与《桃花源记》里的描写相仿。

此外,曹雪芹对大观园里"稻香村"的设计,也自"桃花源"而来:

一面说,一面走,忽见青山斜阻。转过山怀中,隐隐露出一带黄泥墙,墙上皆用稻茎掩护。有几百枝杏花,如喷火蒸霞一般。里面数楹茅屋,外面却是桑、榆、槿、柘各色树稚新条,随其曲折,编就两溜青篱。篱外山坡之下,有一土井,旁有桔槔辘轳之属;下面分畦列亩,佳蔬菜花,一望无际。②(曹雪芹《红楼梦》)

入口虽不似"桃花源"那般曲折,却也算得"小委曲"③了。"村"里景致,茅屋、青篱、桔槔、辘轳以及桑榆槿柘、佳蔬菜花等,也可谓一处分外别致的田园村居了。

此外,《桃花源记》所描写之桃花意象亦给予后人极大启示。"忽逢桃花林,夹岸数百步,中无杂树,芳草鲜美,落英缤纷"④,陈从周先生据此道:"此亦风景区花树栽植之卓见,匠心独具""说明桃花宜群植远观,绿茵衬繁花,其景自出"⑤。今湖南常德之桃源景区,即群植桃树,仿佛桃花源情景。

陶渊明创作《桃花源记》,只是表达对黑暗现实之外理想世界的向往与追求,他并无意于将"桃花源"经营成一座所谓的园林。因而"桃花源"的园林思想具有自发的特点,并无自觉意识,谈不上理论性、全面性与系统性。和谐、自然、闹中取静、障景、曲径通幽等园林思想,最早在陶渊明那里尚只是一种意识,但由于这些意识后来经过造园家们的提炼、总结、继承与发展,逐渐成为重要的园林理念与思想,故而考镜源流,不妨以思想论之。

〔胡武生,苏州市职业大学教育与人文学院副教授,博士,主要研究方向:古代园林文学〕

---

① 陈植. 园冶注释[M]. 北京:中国建筑工业出版社,1988:62.
② 曹雪芹,高鹗. 红楼梦[M]. 上海:上海古籍出版社,2009:114.
③ 参见明代文震亨《长物志》:"凡入门处必小委曲。"
④ 逯钦立. 陶渊明集校注[M]. 北京:中华书局,1979:165.
⑤ 陈从周. 说园[M]. 北京:书目文献出版社,1984:28.

汉字拆字解义在广告创意教学中的应用

朱 虹 谷 玉

【摘要】长期以来,教师在广告学专业教学中很重视创意教学,但在创意教学中过于注重抽象知识的灌输,使得很多学生无法将知识较快地应用于广告创意实践。而将拆字解义融入广告创意教学,则可以收到立竿见影的教学效果。汉字拆字解义融入广告创意教学的关键环节:一是让学生建立属于自己的广告素材仓库;二是引导学生由心而发、立于心上学创意;三是鼓励学生将自己的拆字解义蕴含的广告创意表达出来。

【关键词】广告创意教学 汉字 拆字解义

长期以来,广告行业都把创意视为核心内容之一,广告创意人才在行业中的地位也比较重要,不过遗憾的是,在庞大的广告从业人员中,创意人才凤毛麟角。为培养富有创造性的广告人才,相关院校开始重视创意课程的设置和教学。从一些教材中可以看出,编纂者都把广告创意视为一种思维活动,引导和启发任课教师在课堂教学中注重思维模式的讲解。但是这些思维模式知识过于抽象,使得很多学生无法短时间内将这些知识应用于广告创意实践。那么,有没有较好的方式来教授广告创意呢？笔者在教学实践中发现,将汉字拆字解义方法运用于广告创意教学,可以收到立竿见影的教学效果。本文按照"是什么→为什么→怎么办"的逻辑顺序,阐释汉字拆字解义的创意特质,分析汉字拆字解义与广告创意的契合性,探讨将汉字拆字解义融入广告创意教学的关键环节,希望对同行有所启发。

一、汉字拆字解义蕴含的创意特质

众所周知,广告业是知识密集、人才密集、技术密集的行业,它要求广告人既要具备深厚的专业素养,又要具备娴熟的操作技能,但最重要的是具备创造性的广告思维。广告创意课程是广告学专业核心课程之一,它是在学生掌握了广告学的基本概念、广告策划的基本原理与方法的基础上进行教学的。"通过'广告创意与表现'课程的学习，学生能够把广告策划阶段明确的广告目标转化成富有创造性的‘点子’，通过视觉化表现，使之成为能引起人们注意、让人震撼、触动人内心情感的优秀广告作品。”①创意是一个穷思苦索、费尽心血的心智过程，在教学中有效引导学生进入创意的思维空间是最重要的，所以，教师在教学过程中应不断探索尝试各种新的教学方法，以开发学生的思维。

如果说广告创意是一种思维性的活动，那么这种思维如何表达出来呢？答案是用语言。“在我国，语言的主要载体是优美的汉字。汉字之美，在于它传承了数千年的中华文明与历史文化，凝聚了中国人的智慧与情感，其强大的传承力使中国人形成了一种独特的思维方式。”②汉字拆字解义蕴含着丰富的创意特质，开展广告创意教学，应充分借鉴汉字拆字解义的智慧。

从对“创意”二字拆字解义这一实例中，我们能够看出汉字拆字解义方法和过程中蕴含着丰富的创意特质。首先，将“创意”二字拆分开来，就会形成新的偏旁部首或文字。“创”字由“仓”“刂”两部分构成，“意”字由“立”“日”“心”三部分构成。其次，将新的偏旁部首和文字进行语义阐释，就会产生新的意义，比如“仓”，仓库，“刂”本意是刀子，可解释为寻求突破的工具；“立”与“心”的形式关系是立在心上，中间“日”字的寓意是每日坚持。“创意”二字拆字以后，无论从字面意思还是形式构成上，都有了新的含义。广告创意教学，可以引导学生以拆字解义的方式创作广告创意作品。

二、汉字拆字解义与广告创意的契合性

汉字拆字解义与广告创意之间存在着千丝万缕的联系。汉字作为创意的符号，为广告创意提供了广阔的创作空间。在广告设计中，将汉字拆解开来对汉字重新组合，就会形成新的更加丰富的含义。“通过对汉字的拆解与重组诠释汉字的文化内涵，表达设计的崭新意义，在现代视觉设计中可以凸显出中国传统文化的意向，显示出中华文化独有的价值。”③与其他文字相比，汉字在拆字解义方面具有独特的优势，其原因在于汉字结构的特点——汉字是由偏旁部首或文字构成的，大量的汉字都是可拆分的，对拆分后的偏旁部首和文字进行阐释，可以产生突破性的新意。在突破中出新意，这是汉字拆字解义与广告创意的契合点。

从传播角度讲，运用拆字解义的方式创作广告创意作品，可以让广告作品更具传

① 张美兰，罗兰秋. 广告创意与表现学习指导[M]. 北京：中央广播电视大学出版社，2006：12.

② 王静艳，王金磊. 美哉汉字[M]. 北京：中信出版社，2019：7.

③ 陈原川. 字体设计基础[M]. 上海：上海人民美术出版社，2006：11.

播力。在广告界有许多通过拆字解义揭示创意、堪称典范的广告创意作品。举例来说,汶川地震后,中国红十字基金会发布了一则平面公益广告(见图 1)。广告中通过对毛笔书写的“济”字艺术化地上下拆分,使其产生了新的字义内涵,整体看好像“汶川”的字样,而“汶川”二字之间的裂纹表示地震将“汶川”断开,“汶川”已经支离破碎,“汶川”想要成为一个完整的整体,需要社会各界救济。这样一个需要拆字解义才能明白的公益广告,包含着诸多耐人寻味的意义,经过受众拆字解义的解读,“汶川”需要救济的意思便了然于胸了。由此可见,这是一个非常成功的通过拆字解义揭示创意的广告作品,作品巧妙地运用拆字解义的方式传达了广告主题,极富感染力。拆字解义本身就是一种创意方法,是可复制、可推广的广告创意方法。

图 1　汶川地震公益广告

三、在广告创意教学中融入汉字拆字解义的关键环节

汉字的拆字解义与广告创意之间关系的客观性,为广告创意教学提供了一种很好的切入视角,应当把汉字中所蕴含的思想精华进行提炼、总结,运用于广告创意教学。根据笔者在教学中的体会,广告创意教学中融入拆字解义有三个环节,这三个关键环节是先后有序的三个关键步骤。

(一)引导学生建立自己的广告素材仓库

运用拆字解义方法,首先要有蕴含着可拆分解义价值的汉字。如前文所说,对“创”字进行拆字,可以将拆分后的“仓”解释为仓库,“刂”是寻求突破的工具。据此,学习广告创意首先要让学生建立属于自己的广告素材仓库。这个仓库中的素材,不是为了照搬和模仿,而是为了寻求创意突破。广告大师詹姆斯·韦伯·扬曾说过:“文字本身就是创意,文字是创意的符号,我们能够以收集文字来收集创意。”①因此,素材仓库当中应收藏有较为丰富的可以拆字解义的文字。仓库,累积而成,积少成多,文学中常讲“文思如泉涌”,正是积累的结果。广告创意亦如此。要学好广告创意,必须先

① 杨. 创意的生成[M]. 祝士伟,译. 北京:中国人民大学出版社,2014:3.

学会积累，积累是学习广告创意的基础。美国广告学者威廉·F. 阿伦斯在《当代广告学》中写道："许多人认为创造直接来源于人类的本能，但我们应该知道，创造过程其实是一个逐步实施的过程，完全可以通过学习来掌握，并用于产生新颖的创意。"①广告创意的学习是一个不断积累的过程，不仅是知识的积累，还是能力的积累。在广告创意教学中，应当要求学生学会积累，建立自己的广告素材仓库。但是作为广告素材仓库，不应是杂乱无序、良莠不分的堆积，而应是有序和结构化的排列。所以，教学中应注意引导学生对积累的素材进行适时的整理，逐步形成方便实用、具有自己特点的广告素材仓库。

从思维活动的角度看，学生完成广告素材积累的过程是一个非常重要的心智活动的过程，对于学生的创造性思维能力的培养十分重要。学生可以反复咀嚼自己积累的广告素材，有时候创意的灵感就是在这种反复咀嚼的过程中一瞬间迸发出来的。当然，更重要的是要引导学生从素材库中打开缺口，寻求突破，打破固有的思维模式，创作出超越前人的广告创意作品。

（二）引导学生由心而发、立于心上学创意

"意"字可以拆分成"立""日""心"三个字，从字形上看，"立"字在"心"上，所以广告创意要立于心上，要真正从自己内心出发，用心思考，用心创作。那么，如何引导学生由心而发、立于心上学创意呢？首先，要不断培养学生用心观察生活的良好习惯。在广告创作活动中，深入了解产品与消费者是创意的前提条件。生活中的产品和消费者无处不在，但需要用心观察才能通过广告让消费者对产品了解和产生购买的欲望，这是广告创意的目的所在。其次，要引导学生不仅学会用心观察，还要学会用心思考、提炼主题。优秀的广告创意来源于生活，不用心观察思考，就发现不了创意的关键，作品也感染不了大众，达不到广告传播的目的。此外，还要引导学生坚持观察和思考的长期性。须知"意"字的中间是"日"字，意味着必须坚持每日观察、每日思考，日积月累，才能厚积薄发，产生与众不同的创意。

在广告界，运用汉字拆字解义的方式获得成功的创意广告都是由心而发、立于心上、用心观察的产物。例如，一则教师节的公益广告（见图2），将"教师"二字通过拆字划分为四个部分，并对每个部分给出意义提示，深刻地诠释出教师应教给学生的最重要的四种东西：高尚的品德；丰富的文化知识；出众的思辨能力；正确的价值观。四部分相辅相成，表达出鲜明的广告主题。毋庸置疑，这则广告是创意人员由心而发、立

① 阿伦斯. 当代广告学[M]. 丁俊杰，程坪，译. 北京：人民邮电出版社，2013：6.

于心上、用心观察的产物。如果不是对教师这个职业有极其深入的思考,就不可能创作出如此富有感染力的广告作品。再如一则京东的拆字广告(见图 3),将“壕”进行拆分,进行突破性阐释。“壕”本意坑,壕的意思,古义为底部有刺的护城沟壑。这则广告将“壕”字拆分为四部分并进行饶有兴味的解释:“吕”——小两口;“土”——土地;“宀”——居室;“豕”——猪肉。拆解后组合的意思是:“小两口在一起,天长地久就会有地有房有肉吃,过上幸福的生活。”整个广告作品可视为当下年轻人理想生活的写照。毫无疑问,这则广告是创意人员用心揣摩一些年轻人的心态、由心而发创作的作品,因此很容易博得年轻人的青睐。

图 2　教师节公益广告

图 3　京东品牌广告

通过以上案例分析不难看出,如果拆字解义的手法抓住了创意与汉字的契合点,拆解得巧妙,表现得恰当,可以达到意想不到的传播效果,而这一切的背后,离不开创作者的用心观察和思考。“立于心上”学创意是对学生的一种学习要求,但这种要求如果没有相对应的教学方法,就会变成空中楼阁。教师需要探索行之有效的教学方法,如在实践课程中划分出课时,把学生放在特定的环境中引导其对特定事物进行多方位、多角度的观察、思考,并且制定科学的考核标准,可以具体到观察的程度、思考的角度,将其表格化或者图形化地直观展现出来,让学生充分把握整个练习过程,反复思索,最终达到由心而发学创意的学习目的。

(三)鼓励学生将自己的拆字解义蕴含的广告创意表达出来

广告,是广而告之的简称。广而告之的含义就是把信息告诉受众,并且在一个比较大的范围内宣传、告知。广而告之的方式可以是口头的,也可以是书面的。教学中应鼓励学生将自己的拆字解义蕴含的广告创意广而告之。以拆字解义为手段制作的广告创意作品,必须把拆字解义蕴含的信息告诉每一个受众,不能让受众对拆字揭示的意义产生歧义,更不能让受众对拆字揭示的意义难以理解。避免出现上述情况的有效办法就是广告创意作品在广而告之之前,师生之间对以拆字解义为手段制作的广告创意作品展开释义讨论。为此,首先可以引导学生将自己的拆字解义蕴含的广告创意以口头的形式讲解出来,表述给全班师生听。学生如果发现自己理解的拆字解义蕴含的广告寓意与其他师生理解有差异,说明这则拆字解义广告创意的作品需要修改完善。其次鼓励学生将自己的拆字解义蕴含的广告创意以书面的形式揭示出来,力求在全班、全系甚至全校展示。总之,鼓励学生将自己的拆字解义蕴含的广告创意表达出来征求全班师生甚至更广泛人群的意见,是创作拆字解义广告创意作品不可或缺的环节。

四、结　语

学好广告创意不是一朝一夕的事情,课堂上可以采用很多方法实施广告创意教学,如案例式、引导式、互动式、情景模拟式等,但是无论什么样的教学方法,都离不开让学生建立自己的素材库、学会用心观察生活、使用书面和口头语言进行表达这三个关键环节。创意不是凭空产生的,而是坚持积累和思考的结晶。

从创意角度讲,汉字不仅是交流的工具,还能借助拆字从各种角度进行解义,这与广告创意的特质相得益彰,所以说汉字拆字解义是广告创意的有效方式。将汉字拆字解义融入广告创意教学,形成一种成熟的理论,是一个长期的过程,尚需借鉴相关理论进行阐释、运用大量的案例加以证明。

〔朱虹,河北传媒学院美术与设计学院讲师,主要研究方向:广告学;谷玉,河北传媒学院转型与质量建设办公室干事,主要研究方向:广告学、教育教学评估〕

舞台艺术

花鼓戏《河西村的故事》的现代性追求

孙丰俊

【摘要】作为第十二届中国艺术节参赛剧目,花鼓戏《河西村的故事》在上海演出时得到观众好评。究其原因,在于该剧在创作中不落窠臼、大胆出新,一方面抓住了戏曲尤其是地方戏曲擅长表现日常生活以及生活背后思想情感的优势,表现了农村人朴素美好的人性;另一方面在剧情设计、唱词念白设计、舞台美术设计和演员表演等多个方面守正创新,与当下观众熟悉的审美语境相连通,是传统戏曲现代化的优秀作品。

【关键词】花鼓戏 《河西村的故事》 现代性

作为第十二届中国艺术节参评剧目,由湖北省花鼓戏艺术研究院出品的花鼓戏《河西村的故事》(以下简称为《河西村》)虽然未能成功斩获大奖,但是它在上海的演出,却引起了不小的反响。与来自国家京剧院的《红军故事》、上海京剧院的《北平无战事》、河北省河北梆子剧院的《李保国》等相比,来自湖北潜江的《河西村》看起来"卖相"一般,来到全国舞台角逐文华大奖更显得底气不足。它能够从湖北省100多家专业院团、68部优秀舞台艺术作品中一路过关斩将、脱颖而出、亮相上海已实属不易,更令人想不到的是,演出当天,剧场内观众用行动诠释了真正的"满坑满谷",它也用精彩的演出为观众奉上了一份文化大餐。该剧是典型的农村题材剧目,为什么在上海演出却能够博得市民的青睐并获得成功?笔者认为,该剧的成功主要归因于它在传统戏曲现代性的追求上有许多令人折服之处。故此,笔者对该剧的传统戏曲现代性追求进行探究,旨在为传统戏曲的现代转化提供可资借鉴的思路。

一、剧情呈现彰显现代性

参评第十二届中国艺术节的地方戏曲共有17台参赛剧目,在题材选择上,主要有时代楷模题材、文化传承题材、革命文艺题材、英雄人物题材。《河西村》故事发生的背景与改革开放以来农村的脱贫致富政策密不可分。但新时代社会转型时期的观众已经不再热衷于那些正面表现脱贫致富本身、直接展现主人公艰难困苦致富经历的故事。该剧从头至尾没有直白的歌功颂德,不落窠臼、大胆出新,以“三十年河东,三十年河西”作为切入点,展现了两个家庭、两代人之间长达三十年的情感纠葛和人生故事,通过三十年前与三十年后河西村嫁娶状况的改变,让观众看到了改革开放后农民真正富了起来,过上了好日子,折射出改革开放以来的乡村剧变,映照了社会历史的变迁,既有时代烙印,又充满了生活气息和浓郁的地方特色。

花鼓戏《河西村》的创作抓住了戏曲尤其是地方戏曲擅长表现日常生活以及人物的思想情感的优势,演员以精彩的舞台表演深刻展示了在特殊的社会经济背景下河西村人的纠结、挣扎、无奈与选择,表现了农民朴素美好的本性,为观众呈现了一曲爱与真善美的当代赞歌。该剧在人性开掘、舞台表达、剧情呈现等方面都称得上是一部优秀现代戏。河西村的原型是湖北省潜江市熊口镇赵脑村,借着改革开放的春风,这个当地有名的贫困村上空飘扬起“富强文明”的旌旗。剧中的河西村,经过三十年的发展,终于从“昔日里、穷叮当,满村光棍愁娶妻”的凄惨光景,变为了“家家有女不愿嫁作外地媳”的富裕新农村。

《河西村》没有回避中国三十年前因经济不发达而出现的社会问题,力求逼真地反映真实的历史,让剧中人物在真实的历史情境中行动,在戏剧性历史情境中塑造人物。三十年前,年轻的王老五与赵荷花因为贫穷,谁都拿不出一万块钱。为了“拿钱”给父亲治病,也为了不拖累王老五,赵荷花含泪将自己“嫁”到河东村,赵荷花与王老五的爱情被迫终止。三十年后,王大顺与赵小荷的爱情拥有圆满结局,离不开三十年里河西村经济的发展,离不开以王老五、王大顺为代表的两代河西村人的艰苦奋斗。王老五和赵荷花两人各自的家庭农场事业蒸蒸日上;赵小荷博士毕业,成为“潜龙2号”项目的新任首席专家;王大顺带领村民致富,是河西村的致富带头人。与三十年前他们的父母相比,王大顺与赵小荷两人谁都没有后顾之忧。阻挠两人走到一起的,只有三十年前有关父母爱情的那段伤心往事。

从真善美角度看,《河西村》除了表现剧中人物的种种纠结、挣扎、无奈外,创作者还用浪漫轻快的笔调,写出了他们人性中的热情、忠诚、善良,表现了创作者对善良人性的颂扬。在改革开放的大潮中,河西村经济发展了,收入增加了,人们却并未形成唯利是图的庸俗价值观,农民身上那种朴素正直的美好品质并没有泯灭。剧中高扬着一种古朴、向善、敢为天下先的中国传统价值观念,讴歌了新时代大潮中农民身上未被污染的美好人性。创作者对河西村人极致的颂扬,就是对村民身上真善美人性的礼赞。村中众女子听说王大顺爱情不顺,为了“以实际行动感他的恩”,决定“演一出百鸟朝凤蝶抢蜂争”,到王大顺家门前欢歌热舞向他“集体求婚”。王老五年轻时被荷花婶伤过,当年荷花婶说过"恩断义绝两撇清,做叫花子也不向你把手伸"这样绝情绝义的话,当荷花婶为了赵小荷上大学而来找王老五借钱时,尽管王老五表面上冷若冰霜、一分不借,但暗地里却化名吴兴中捐助学费。王大顺和赵小荷对爱情苦苦追求,终于守得云开见月明。在《河西村》中,美好的人性就是灵魂中爱与真善美的结合。康定斯基曾写道:"人类灵魂是有多根音弦的钢琴。艺术家就是那只弹琴的手,他有目的地按这个或那个键,引起灵魂的共鸣。"《河西村》的创作者以轻松愉快的指法在舞台这架大钢琴上弹出了河西村人平凡却又美好真诚的人生曲调,引起观众的情感共鸣,让观众对充满善良人性的河西村心驰神往。

王老五与荷花婶曾经相爱,在面对人生困境时荷花婶做出了不得已的选择,他们两人为了爱情而互相怨恨,三十年过去了,曾经的伤痛已经淡忘,王大顺与赵小荷两位青年人的爱情成为王老五与荷花婶找回失去岁月的一把钥匙,这是王老五与荷花婶面对过去年代不完美爱情的补救。通过这场弥补,也是出于对过去的惋惜和对现今的反思,创作者用爱与真善美之光烛照河西村这场跨越三十年的爱恋。可以说,《河西村》通过一个爱与真善美的故事,表达了创作者对美好人性的赞美,颂扬了爱与真善美,讴歌了新时代。创作者讴歌的爱与真善美是现代人共同追求的美好事物,因此很容易引起现代观众的情感共鸣。

二、唱白设计凸显现代性

传统戏曲现代转型中的一个基本要求是在唱白表达的思想性上要体现出现代性。这种现代转型最突出的标志,是戏曲作品中的人物唱白不再是类型化的而是充分个性化的,甚至在某种程度上是内心化的,能够揭示人物的精神困境和人物内心的冲突与煎熬,充分体现编导对人的自由和尊严的高度肯定与尊重的现代精神①。需要注意的是,并不是所有的新创剧目都具有现代性,目前舞台上演出的剧目中,尽管有些戏创作于当代,但通过唱白表达的思想却难以引起现代观众的共鸣,很难说具有现代性。

《河西村》的人物唱白反映了当代一部分人精神上面临的情感困境。河西村里的众女子,她们是当今社会典型的剩女代表,自身条件好,不愿意将就,慢慢被剩下了。王老五、荷花婶、王大顺、赵小荷四人的情感纠葛与时代息息相关。当初若非河东村富裕、河西村贫穷,或许王老五与荷花婶已经成为心心相印、白头偕老的夫妻。现如今王

① 廖全京. 未完成的戏曲现代转型[J]. 四川戏剧,2017(10):18.

大顺与赵小荷的情感阻碍便来源于当初王老五与荷花婶的爱恨情仇。王大顺、赵小荷相隔多年成为“剩男剩女”后再次重逢于老槐树下，心似双丝网，中有千千结，看一看两人见面时的唱词：

赵小荷 （唱）不知道等什么，
不知道在等谁。
默默地排着命运的长队，
傻傻地期待着未知的依归。
王大顺 （唱）不知道等什么，
不知道在等谁。
不知道谁是命中的那一位，
谁又是谁三生注定的相随。
赵小荷 （唱）不知道等什么，
不知道在等谁。
不甘将初心轻易作废，
守望着终有一天的幸福召回。
王大顺 （唱）不知道等什么，
不知道在等谁。
或许是怀揣的梦想太高贵，
怕经不起支离破碎的悲催。

这段唱词表达出来的正是当代社会一部分“剩男剩女”的心态，唱词富有哲理、耐人寻味。王大顺与赵小荷作为当代青年精英，他们渴望爱情，不愿意将就，希望能够遇到真正适合自己、与自己心心相印的另一半，却也在等待、渴望中成为了“剩男剩女”。

《河西村》是两个时代、两代青春和爱情的对话，正是因为三十年前王老五、荷花婶之间的纠葛，三十年后王大顺和赵小荷的爱情遭遇才有了更深的意义。三十年前王老五与荷花婶的爱情遭遇塌方，被强行阻断，彼此势同水火、互不相容。即使两人早已恢复单身，也未能旧情复燃，哪怕友好相处也难以做到。三十年后大顺与小荷的爱情，也为王老五、赵荷花爱情的重启架起了一座桥，让他们打破心墙，重新审视自我，发现内心深处一直为对方保留着一片天地。尽管已经过去了三十年，但王老五与荷花婶之间仍是天不老、情难绝。

由于现代精神的缺乏，目前舞台上的一些新创剧目仍然充满了陈腐的思想。以女性为主人公的戏曲为例,黄梅戏《徽州女人》、沪剧《挑山女人》、豫剧《王屋山的女人》、眉户戏《迟开的玫瑰》等都是充满压抑个性、鼓吹女性必须为家庭牺牲奉献的反现代性的作品。[①] 而在《河西村》的女主角赵小荷身上,体现的是现代女性自由奔放的爱情理念,她没有盲目地听众母命,而是勇于追求自己的幸福。在王大顺没有勇气说出对小荷的爱情时,小荷主动大声喊出"你不娶,我怎敢嫁"的心声,最后的那句"你就是我忘不了、放不下、舍不去、摆不脱、心心念念的傻哥哥",更是表达了赵小荷对王大顺深深的爱意以及希望能够自己决定爱情命运的决心。

三、舞美设计呈现现代性

上海戏剧学院教授李伟认为,对现代性的追求,除了反映在戏曲的精神内涵之中外,还表现在物质技巧层面。其中,舞台美术设计就属于物质技巧层面。在一段时间里,戏曲舞台上出现了不少臃肿豪华、追求写实布景的场面,也有强调写实逻辑、忽视戏曲写意特点、在精神追求上过于强调悲剧美的现象。[②] 但是这种情况下观众的感官重点很容易被华丽的视觉效果所吸引,而忽略了演员的唱做表演,这与传统戏曲以唱、念、做、打、翻吸引观众的根本出发点相背离。在一定程度上,它是以舞台美术设计对戏曲表演的置换,违背了戏曲的舞台传统,这并非真正的现代性,而是伪现代性。

《河西村》中充满田园牧歌情调的舞台美术设计,具有浓烈的现代韵味。大幕一拉开,伴随"三十年河东,三十年河西"的唱词,呈现在观众眼前的是一望无际的网格式水田,春天的水乡仿佛笼罩着一层薄纱,王老五撑一叶轻舟,荷花婶坐在田舍外纳鞋。舞美设计用一派田园风光构建出了《河西村》充满浓郁诗意、牧歌情调的世外桃源般的世界,也让整部剧表现出抒情性、叙事性相统一的诗化艺术风格,触及现代人的心灵深处。除了田园风光外,还有王大顺与赵小荷互诉衷肠时的老槐树,夜晚挂在树梢的那轮皎洁的满月,人、景、情相错融为一体,这些意象的运用也极符合现代作家沈从文的创作观念——现代作家必须懂这种人事在一定背景中发生的道理。[③]

值得注意的是,现代的舞美设计仍要遵循古典戏曲的虚拟为主、虚实相生的美学法则。传统戏曲舞台不能处处从外观上"如实"再现生活对象,"虚拟"则成为舞台表

① 李伟. 当代戏曲的现代性追求[J]. 民族艺术研究,2017(4):163.
② 郑荣健. 戏曲的现代性追求没有止境[N]. 中国艺术报,2017-08-16.
③ 凌宇. 沈从文谈自己的创作——对一些有关问题的回答[J]. 中国现代文学研究丛刊,1980(12):320.

达对象的一种普遍做法[①]。《河西村》中不管是王老五或赵荷花的家庭农场，还是村头的老槐树，简洁大方的舞美设计总是置于舞台表演区的中后部，舞美设计还原了戏曲艺术的本来面貌——写意和表现，更重要的是把演出空间让渡给了戏曲演员的表演，在舞台上践行了虚拟为主、虚实相生的戏曲美学法则。

戏曲进入现代之后发生了显著变化。现代转型后的戏曲，它从戏曲理论与舞台实践统一的层面，体现出了整体性的美学思想的自主性、开放性、吸纳性特征。[②] 在《河西村》中，体现其自主性、开放性、吸纳性特征的是由 12 名女演员组成的歌队。歌队最早在古希腊戏剧中就已经出现，或叙事、或抒情。在第十二届中国艺术节上，宁夏演艺集团秦腔剧院演出的大型秦腔现代剧《王贵与李香香》在舞台两侧设置了多达 60 人的歌队唱诗班。与站桩式表演的古希腊歌队和《王贵与李香香》的歌队相比，《河西村》中由 12 名女演员组成的歌队发挥着更多的现代舞台表演功能，除了歌队功能外，她们还需要参加表演，在舞台上穿梭。12 名女演员在剧中时而跳进、时而跳出。跳进时她们拥有角色身份，是河西村未出嫁的姑娘；跳出时她们身份多重，是伴唱、是旁白，甚至作为道具背景出现，是第二场王大顺与赵小荷相会时的那棵老槐树。编创者巧妙地将演员表演融入舞台美术设计中，既不占用舞台空间，又能够作为环境背景烘托气氛，通过角色与背景的转换自主地、开放地叙事抒情。

四、开放式结尾创新现代性

《河西村》的剧情固然精彩，然而演出中最令观众震撼、回味无穷的是《河西村》的结尾。《河西村》没有采取传统戏曲“大团圆”式的结尾。剧中的两对恋人，王大顺与赵小荷确立了恋爱关系，两人在歌声中并肩赏月；另一个舞台空间中，王老五和荷花婶从幕后走出，继续着斗嘴的生活。最终，剧情在湖北民间小调《十许鞋》中结束。但是以后呢？他们的爱情道路会走向何方？在最后一场戏缓缓落下的纱幕中，创作者用开放式结尾为观众留下了一个回味无穷的悬念。

西方悲剧人物都有他们的结局，悲剧结尾主角的幻灭，能够让台下的观众直观地在剧情结尾看到人物的结局，受到心灵的洗礼。中国传统戏曲“大团圆”式的结尾更是深入人心。同样的爱情故事，西方莎士比亚的《罗密欧与朱丽叶》中相爱的恋人为爱情放弃一切，直至死亡；中国四大南戏《拜月亭记》《荆钗记》中，恋人失散后最终团

---

① 路应昆. 戏曲艺术论[M]. 北京：北京广播学院出版社，2003：50.

② 廖全京. 未完成的戏曲现代转型[J]. 四川戏剧，2017(10)：18.

圆。无他,给剧中人一个结局更符合观众的观剧预期。以“大团圆”结尾来说,中国观众在剧终时总希望获得一种圆满、满足之感,而不愿带着很大的遗憾回家去。① 但是,21世纪的观众早已不再习惯传统戏曲中那些为大团圆结局而强行设置的人物转变理由,因此戏曲结局实现观念的转变和审美的现代化就显得尤为重要了。

顾仲彝认为,要使最后的幕下得有力,作者往往利用动作尚未结束的时候下幕,但要记住必须在问题回答已经完满结束、心理动作已经基本完成的时候才合适②。回到《河西村》,笔者发现,情节上创作者留下一个开放式结尾,这时人物的外部动作尚未最终完成,创作者也没有像传统戏曲那样为了结尾的“大团圆”而强行给两对恋人设置完美的结局,相反,而是让剧情停止在人物的情感、心理动作完成后:王大顺与赵小荷由开场的不安全感到最终相爱;王老五与荷花婶由开场的水火不容到结尾的互相原谅、依稀找回曾经的爱情,都满足了观众对王大顺与赵小荷、王老五与荷花婶两对恋人的情感期待。从另一方面来说,结尾也是两对恋人新生活的开始。

《河西村》结尾的纱幕背后,朦胧中能够看到一对蹁跹的舞者,这是一个具有情感冲击力的诗化舞台形象,他们究竟是三十年前的王老五与荷花婶,还是现在的王大顺与赵小荷?创作者让三十年前的恋人和三十年后的恋人融为一体,诗化写意的风格让观众难以分清,引发了观众对两对恋人未来的联想。开放式的结尾让《河西村》既给观众留下了无尽的遐想,也让该剧在结尾拥有了在情感上与观众连通的接口,让观众能够在诗化写意的故事里体会人生况味,体会三十年沧桑巨变,体会河西村人的爱情命运在时代、社会大背景下的变迁,韵味悠长。

五、结　语

花鼓戏《河西村》的成功,主要归因于它在传统戏曲的现代性创新上展开了大胆尝试。首先,剧情展现了现代人共同追求的美好事物,凸显了现代性;其次,唱白极易引起现代观众的共鸣;再次,舞美设计虚实相生,体现出极强的现代性;最后,开放式结尾突破了传统戏曲结尾模式,富有创新性。该剧展现了作为地方戏曲——花鼓戏的艺术魅力,证明了地方戏曲在表现日常生活以及背后思想情感时的优势,同时也证明了传统戏曲在当代社会用诗意化手段表现现实生活的可能。更为难能可贵的是,《河西村》让观众看到了湖北省花鼓戏在创作风格上的一脉相承。近年来,湖北省花鼓戏在

① 路应昆.戏曲艺术论[M].北京:北京广播学院出版社,2003:50.

② 顾仲彝.论剧本的情节结构续[J].戏剧艺术,1978(4):140.

农村题材上屡出佳作，犹记得当初看国家舞台艺术精品工程资助剧目——花鼓戏《十二月等郎》时被深深吸引，更期望《河西村》能够继续打磨加工，在增强艺术性、观赏性的同时，深挖思想性，继续探索用戏曲形式展现现代人性与心理的方式，在传统戏曲的守正创新上取得更大的成绩。

〔孙丰俊，河北传媒学院影视艺术学院教师，主要研究方向：戏曲理论、创作〕

我国原创舞剧产业的发展困境与思考

张 笑 楚 惬

【摘要】当前我国原创舞剧的演出制作水平或许勉强能与外国舞剧平分秋色,但在消费市场的占有程度上,远远无法与外国舞剧相抗衡,除了如《丝路花雨》《大梦敦煌》《永不消逝的电波》《朱鹮》等少数原创舞剧取得了较好的社会效益和经济效益之外,大多数剧目由于舞剧艺术作品本体或客体多方面的缘由而导致票房暗淡,一系列衍生产品的开发更是无从谈起。造成我国原创舞剧产业发展困境的原因,一是舞剧市场缺乏足够数量的优秀原创舞剧作品,足够被世界瞩目的原创现象级舞剧作品寥寥无几;二是我国原创舞剧的制作发行方缺乏足够的产业化意识。解困之道,一是相关行业人员承认舞剧的商品属性,主动进行企业化转型;二是将舞剧产业与旅游产业联合起来开发,实现文化高效能传播;三是借力国家政策支持,真正"走出去";四是融入传统文化,增强舞剧的竞争力。

【关键词】原创舞剧　产业化　传统文化　现代艺术　营销宣传　广告投放

带有雏形意味的舞剧艺术在中国早已存在,可追溯至西周时期的《大武》。当前,学界认可度较高的一种观点是:由欧阳予倩、戴爱莲等在1950年编创的舞剧《和平鸽》标志着中国原创舞剧艺术的真正发轫。自1950年至2020年的70年间,中国舞剧艺术的发展,在不断地汲取国外舞剧编创、演出成功经验的同时,注重积累本土舞剧艺术的编创、表演等环节的实践经验,逐渐成长为近年来在主流艺术审美市场中颇得审美受众青睐的舞台表演艺术形式之一。尤其是中国对外开放以来,一大批在国际艺术审美领域享有较高知名度的舞剧艺术作品和表演艺术家进入了中国舞剧艺术市场,直接或间接地推动了中国本土舞剧艺术的发展,中国原创舞剧因此也得到了充分的滋养,为中国舞剧艺术"产业化"奠定了足够扎实的基础。近年来,在国家大力扶持发展文化产业的大背景下,诞生了一批如《朱鹮》(2014年)、《青衣》(2015年)、《永不消逝的电波》(2018年)等叫好又叫座的原创舞剧作品。这些优秀舞剧艺术作品的出现,让审美受众和相关从业者认识到舞剧艺术是可以兼顾艺术性与审美性、口碑与票房的。

更为重要的是,这些舞剧作品的成功也为此后原创舞剧作品的创作、发行等起到了良好的榜样作用,为我国原创舞剧产业化带来了希望的曙光。但不可否认的是,我国原创舞剧的产业化仍然面临诸多矛盾和困难,任重而道远。学界对于我国原创舞剧产业的分析早已有之,但大多着眼于对其光明前景的论述而缺少对当前所面临困境的反思。本文拟以此角度,做些许补充性的思考。

一、我国原创舞剧产业的发展困境及其原因

(一)我国原创舞剧产业的发展困境

舞剧是一门审美受众基础十分广泛的艺术形式。区别于话剧、戏曲和歌曲等具有一定语言元素构成的综合艺术,舞剧凭借其自成体系的肢体语言叙事能力使其审美受众能够不受年龄、国界、知识水平的限制,在演员举手投足、旋转腾挪中即可感受到艺术的魅力。相较于其他艺术门类,舞剧的审美门槛是多阶层的,即“仁者见仁,智者见智”。它对观众并不存在太高的知识储备、文化素质方面的审美门槛,因此它的市场空间极为广阔。随着我国经济发展水平的逐年攀升,人民群众在物质生活不断改善的同时,精神文化需求也在日益增长。近些年来,舞台剧演出市场呈现良好的增长势头。中国演出行业协会发布的《2018 中国演出市场年度报告》的数据显示,国内演出市场欣欣向荣,演出市场总体经济规模达到 514.11 亿元。我国演出市场在经历了 2013 年、2014 年重新洗牌之后,市场整体规模出现了短暂的下滑,紧接着又呈现出上升趋势,增速保持在 5% 左右。但如果和国内其他行业相比,演出市场整体规模的提升速度还是较慢;与其他国家和地区相比,我国的演出票房收入占比也不高。[①] 我国舞剧市场发展潜力巨大,但是外来舞剧,特别是欧美经典舞剧仍然占据着我国舞剧市场的主要份额。这些外来作品大多是知名度高、经典化程度高的作品,例如,2016 年马休·伯恩版的《睡美人》首次登陆上海时,场面就异常火爆,不少外地观众甚至打“飞的”赴沪观剧,可见其在中国观众心目中的影响力;被称为“全世界最激情的卡门”的西班牙大型现代舞剧白金版《卡门》2018 年天津场巡演时,所有门票提前几日便一售而空;2018 年 12 月 30 日,乌克兰基辅大剧院芭蕾舞团《天鹅湖》于人民大会堂的万人人礼堂上演,全部门票提前售空,演出当天甚至出现了重金求票的场面。从全球来看,这些国外舞剧普遍采用“高票价、短档期、大宣传”的营销策略,其票房表现十分抢眼。

---

① 2018 中国演出市场年度报告[EB/OL].(2019-08-2)[2020-09-30].https://wenku.baidu.com.

"美国音乐剧《剧院魅影》总收入超过 60 亿美元,约合 378.5 亿元人民币,是好莱坞超级大片《阿凡达》的票房收入的 2 倍。爱尔兰的《大河之舞》自 1995 年 2 月在都柏林首演以来,如今已发展为 7 个版本同时在世界巡演,每年的票房收入加上 DVD 销售收入,没人算得清楚。日本的舞台剧产业化正处于迅速发展阶段,宝塚歌剧团年平均演出大小剧目 40 台左右,年收入达 150 亿日元。2008 年,四季剧团各剧组的演出总计达到3,494场,接纳观众 312 万人,年收入达 230 亿日元,营业利润高达 25 亿日元,纯利润也有 15 亿日元,在日本演艺界成为领军企业。"①相比之下,我国原创舞剧的市场现状不免黯然失色,除了如《丝路花雨》《大梦敦煌》《永不消逝的电波》《朱鹮》等少数原创舞剧取得了较好的社会效益和经济效益之外,大多数剧目由于舞剧艺术作品本体或客体多方面的缘由而导致票房暗淡,一系列衍生产品的开发更是无从谈起。必须承认,尽管中国原创舞剧产业发展前景广阔,但是未来仍有很长一段路要走。市场占有率是衡量舞剧艺术生产实力和本土化道路进展的重要尺度,中国原创舞剧的演出制作水平或许勉强能与外国舞剧平分秋色,但在消费市场的占有程度上则远远无法与外国舞剧相抗衡。

(二)我国原创舞剧产业发展面临困境的原因

与国外舞剧的市场差距直接折射出中国原创舞剧产业当前存在着外在动力大于内生动力的现实状况。究其原因,主要有以下两个方面。

一是舞剧市场缺乏足够数量的优秀原创舞剧作品,能够令世界瞩目的原创现象级舞剧作品几乎寥寥无几。舞剧作品一度创作质量不高,是制约我国原创舞剧产业发展的最大障碍。没有足够数量的优秀原创作品,何谈舞剧行业的产业化?在戏剧创作诸元素中,最大的困难在于一度创作,编剧一度创作是导演和演员二度创作的基础,只有经历过前两重创作过程,才能形成观众的三度创作,而"三度创作的价值取向、审美取向、认知取向是一、二度创作主要的参考依据和意图来源"②。在当前原创舞剧一度创作中,最突出的问题就是戏剧品格薄弱和戏剧人物审美创作的贫弱。目前,我国部分原创舞剧的剧本在创作之初尚未脱离旧有的窠臼,剧情俗气老套,人物形象扁平化,剧情展开无逻辑、缺张力,情节平淡无奇、缺少跌宕,故事内容更是无法打动观众,从而导致二度创作在起步之时就失去了戏剧品格和再创作的意义,其他综合元素无所依附,作品的整体水平和艺术价值必然大打折扣。再加上我国舞剧本身起步晚,在导表演艺

① 陈雪飞.身体书写的文化——当代舞剧创作走向[J].浙江艺术职业学院学报,2015(1):74.

② 赵汉军.关于当前戏剧创作的思考[J].四川戏剧,2009(1):74.

术、舞台美术、音乐创作等方面不成熟,原创舞剧尚存在很大的进步空间。

二是我国原创舞剧的制作发行方缺乏足够的产业化意识。“整个舞蹈行业,在关于舞蹈产业化和舞蹈演出市场的培育方面,可以说是显得相当迟钝和落后的。长期以来,执着于教育、培训、比赛的单一内部循环,完全忽视外在社会的变革。”①在当前体制下,原创舞剧的制作人一般由院团中的领导担任,他们大多懂艺术但是不了解市场,因而整个舞剧演出界都缺乏科学的、系统的市场意识。正是因为缺乏网络宣传、营销推广、衍生品发行等市场意识和经营理念,使得观众无法及时、准确地了解舞剧作品的演出情况。当作品真正上演时,只有少数业内人士观看作品,导致舞剧陷入不断创作又快速淘汰的恶性循环中,少了观众评价这一重要环节,优秀的作品就难以产生。美国的百老汇是当前世界戏剧艺术的活动中心,百老汇的歌舞剧产业已经是纽约市的支柱产业之一,它的发展历程对推动中国舞剧的产业化进程有着重要的参考与借鉴意义。在其发展之初,百老汇的经理人们就有了准确的市场定位和超前的市场意识,通过充满想象力的海报设计、创意十足的营销手段等,助推了百老汇歌舞剧产业的发展。中国原创舞剧若要崛起,离不开整个业界市场意识的培养。不仅需要学习西方文化产业的先进经验,更需要在现代文化语境下建立极富创造性的营销推广模式,应用更深入人心的宣传策略,以此吸引更多人有机会去了解、接受、喜爱舞剧这门充满魅力的艺术。

二、几部舞剧佳作带来的启示

应当承认,中国几十年的舞剧创作中也曾涌现出了一批好作品。被誉为“中国版天鹅舞”的《朱鹮》,有着发人深省的主题和动人心魄的演绎,诗画般的意境表达为其赢得了国内外观众的一致好评;以抗日战争和解放战争时期的共产党上海地下电台发报员李白的真实故事为素材的红色题材舞剧《永不消逝的电波》,凭借着新颖的叙事手法和精彩的舞台编排,在一、二线城市连续上演几百场,均场场爆满,一票难求;由王亚彬主演,根据毕飞宇小说改编的舞剧《青衣》,是“亚彬和她的朋友们”品牌系列原创舞作,该剧以极简主义的美学风格,为观众呈现了一场以简胜繁的视听盛宴,收获了口碑的同时也取得了不俗的票房。从这三部不同风格、不同题材的成功之作中寻找它们成功的原因,无疑可以给当前我国原创舞剧产业的发展带来一定的启示。

---

① 孟小军,王小京.中国舞剧市场化的可能——看《孔雀》东南西北飞[J].舞蹈,2013(11):18-19.

(一)《朱鹮》:当代热点题材的东方表达

舞剧《朱鹮》是一部具有现实主义特质的作品,从作品的题材选择与主题表达上就可见其蕴含的批判性。随着科技发展,环境污染、生态破坏、资源短缺三大危机日益严重,已经成为全球性的问题,"环保"成为全球文艺界所关注的一个热门话题和创作题材。在西方,以"环保"为主题的艺术创作率先从摄影界开始,后蔓延到文学作品、戏剧舞台上。这些年我国的戏剧工作者也陆续将目光放到"环保"题材上,《朱鹮》这部作品就是以"环保"为主题,反思人类走向工业化、文明化进程中对自然界的荼毒,为了经济利益不惜伤害生灵、破坏环境的非理性行为,呼吁人们爱护环境,保护赖以生存的家园。舞剧在中国虽古已有之,但就其现代的表现形式和艺术定义而言,仍属于"舶来"的艺术形式。将舞剧艺术做中国本土化的转型处理,以适应东方审美,使得更多中国观众愿意了解并接受这种"舶来"艺术,是一个重要的文艺命题。我国古典美学中有关"意境""写意"的理论可以对原创舞剧的现代化探索有所启发。宗白华说:"艺术已经不是一个单层的平面的自然再现,而是一个境界层深的创构,从直观感象的摹写,活跃生命的传达,到最高灵境的启示,可以有三个层次。"①在艺术创作过程中,如何把握写实与写意的平衡关系,如何在突破现代舞台复杂的陈设布局中探索与呈现出"意",这些都是原创舞剧工作者在构思时需要认真思考的问题。舞剧《朱鹮》在呈现时明显考虑到以上问题,将"环保"这一全球化热点题材用东方审美境界去演绎,探索"意境"这一审美范畴与热点话题的结合,既有直观的摹写,也有生命意识的传达,同时还呈现了东方哲思审美境界,刻画出悲怆伤感的情愫,因而使得整部作品充满灵动的气息,韵味十足。

(二)《永不消逝的电波》:红色题材的现代演绎

《永不消逝的电波》讲述的是新中国成立前夕一名叫李白的共产党人与纺织女工假扮夫妻传递情报,与敌人斗智斗勇,最后光荣牺牲的感人故事。这部作品根据真实事件改编,但又不是百分之百地还原历史。虽然这部舞剧讲述的是革命战争年代的故事,但舞台整体基调呈现出的是动感十足、对比强烈的现代韵味,红色题材与现代演出方式结合,给观众呈现了一场全新的视听盛宴,舞台上的大块留白与我国传统山水画作品有着异曲同工之妙,使传统艺术的韵味融入现代美学之中。该剧同样采用了元素之间瞬息万变的复杂关系营造出紧张的气氛,舞台上没有蓝天白云,只有黑色和冷灰

---

① 宗白华. 美学散步[M]. 上海:上海人民出版社,1981:63.

色构成的冷峻、昏暗的整体色调，象征着社会环境的阴暗。虽然该剧没有完全将故事还原到舞台上，但旗袍、黄包车、蒲扇、竹椅等典型意象的运用迅速将观众带入了新中国成立前的上海滩。在演员服装的设计上，多采用的是灰黄色的条纹与方格图案，不失大气又能恰如其分地在阴冷色调的舞台中凸显出来。除此之外，在舞台灯光的运用上则另辟蹊径，突破了传统的视觉均衡效果，全剧采用的是以冷白色调为主的侧光和背光，在这样的灯光下，人物与他们的影子融为一体，与全剧基调相契合。这些影像在灯光的映衬下时隐时现，与整个舞台和剧情相容，丝毫不显得突兀生硬，使舞台承载了更加丰富的内涵。中国舞蹈家协会主席冯双白先生在《人民日报(海外版)》发表评论文章《赋崇高革命激情以艺术光芒——论中国艺术节开幕大戏〈永不消逝的电波〉的艺术成就》中说道："《电波》从中国传统艺术意象化的创作理念，到现代多媒体构成的舞台心理流动空间，再到以生活动作演绎出来的情节舞之丝丝入扣的编织和推进，辅之以东方人希望听到的动人的主题旋律，以及西方现代音乐所擅长的场面音效，证明着：中华传统美学精神在实现了'现代性转化'之时，就会焕发出巨大的艺术魅力。"①舞剧《永不消逝的电波》在很大程度上完成了一次中国红色经典的现代化演绎，也为以后的红色经典的舞剧改编提供了成熟的参考范式。

(三)《青衣》：极简主义的视听盛宴

舞剧《青衣》改编自毕飞宇的同名小说，探讨的是人生的终极话题——生命。舞剧《青衣》以中国传统美学为创作的基础理念，整部作品呈现出内敛简约而又不失大气的表演风格，在演员举手投足间流露出的是浓厚而鲜明的东方神韵。该剧在舞台设计上独具匠心，运用了大量的艺术意象和道具，挖掘出人物的内心世界，多层次地披露人物多舛的命运；在整体风格上采用的是极简主义风格，将传统文化中以简胜繁、虚实相生的意境理论与现代舞剧艺术相融合。全剧饱含着诗的韵味，呈现出极大的艺术张力，既为舞台平添了美感，又创造了为剧情增色的意境，更好地诠释了原作品的内涵。极简主义的舞美风格并不意味着舞台上的道具极少、布置极简，而是指舞台布置和舞台美术的到位与精准。在舞台上方有一块方形幕布，幕布上播放的是嫦娥的影像，大幕开启，在一片淡灰色烟雾中，女主角筱燕秋身着戏服缓缓地走到舞台中央，整个舞台雾气环绕，好似一幅淡雅的水墨画作。《青衣》处处体现出"至简"。从演员数量上看，与其他大制作的舞剧作品不同，该剧仅用了十位左右的演员，除饰演筱燕秋、春来、李

① 冯双白.赋崇高革命激情以艺术光芒——论中国艺术节开幕大戏《永不消逝的电波》的艺术成就[N].人民日报(海外版)，2009-05-16.

雪芬、老板四位主要人物的演员外,其余演员均身穿灰色麻衣,化身为筱燕秋内心深处的影子。这种"至简"的美学理念同样体现在该剧的音乐上,音乐随着大幕的缓缓拉开响起,观众听到的一直是同样的音乐循环播放,在"简洁"的美学理念中,"重复"意味着曲调、节奏、韵律的简化,随之而来的就是平和、恬静音乐风格的形成,在该剧中,一段音乐的反复出现更能凸显该剧的极简风格。此外,该剧从表演风格、舞蹈语言、舞台美术等方面处处都体现出这种"简约却不简单"的风格,而正是这种"简"让对于繁杂的舞台风格已经审美疲劳的现代观众眼前一亮,给人以无限遐想的空间。

上述舞剧作品在创作上的成功之处集中表现在以下几个方面:对舞蹈深层意境的开掘与探索;找到传统文化与现代艺术之间的结合点;精当地处理与剧情相符的艺术风格等。除此之外,产业化战略的实施、合理的营销宣传策略和精准的广告投放更是这些作品取得票房成功不可或缺的要素。全媒体文化语境下,"酒香也怕巷子深"。纵然是再优秀的作品,如果不通过合适的宣传方式加以宣传推广,也难以获得普通观众的注意。这几部作品在票房和口碑上的胜利对我国原创舞剧产业的未来发展具有一定的启示意义。

三、我国原创舞剧产业的发展思考

(一)承认舞剧的商品属性,主动进行企业化转型

舞剧与其他文艺作品一样,一经商业性演出即具备了商品属性,须以经济利益作为其导向之一。"在舞剧产业中,文化性与经济性是兼容而合而为一的,其最主要的体现是文化经济化、经济文化的辩证统一。舞剧产业作为文化产业的一个分支,有别于其他产业的一个突出的特点在于它具有文化与经济的双重属性和双重功能。"①舞剧在构思、创作、宣传、推广等各个方面都离不开全方位、多维度的市场化战略支撑。比起一度创作质量不够优质的缺陷,舞剧产业化问题同样亟待解决。当前的部分舞剧工作者过于重视舞剧的艺术性,在一定程度上对艺术作品的市场性和商品性不够重视,使之只在极有限的专业圈子内传播。这种小范围的空间局限,使舞剧失去了大量观众,也失去了艺术的平民属性。"一直以来,中国的文化艺术都是事业化发展,产业处于市场化程度偏低、管制偏多的状态,抑制了文化艺术产业的发展,也不能满足社会

---

① 陈雪飞.中国舞剧产业经济研究——舞剧产业的概念、属性及商业模式[J].南京艺术学院学报(音乐与表演版),2011(01):155

正常的文化艺术消费需求。”[①]随着我国产业结构转型升级进程的深入,艺术创作团队应该抓住机会,主动进行企业化转型,从多个层次、多个方面探索与文化市场共振的节点。以日本为例,日本的舞剧在本土发展时间并不长,但是如今日本的舞剧行业十分兴盛,这很大程度上得益于日本舞剧演出团体在本土化的进程中不断探索艺术产业化的发展道路,人才培养途径与作品创作规律取得了令人瞩目的成就。

(二)将舞剧与旅游产业结合起来共同开发

将舞剧与旅游产业结合起来协同开发,作为某地的亮点项目进行宣传,也不失为一种发展原创舞剧产业的新思路。舞剧作为一种包容性极强的综合性艺术,浓缩着地域文化特色和时代文艺风格,某个地区的历史文化、风土人情都能够通过舞剧演员灵巧的肢体动作语言得以一一展现。“文化游”“研学游”是当前较受欢迎的旅游形式,创意是其核心价值,创新是其内在动力。具有情节戏剧性、题材丰富性、动作优美性的舞剧作为一种独特的文化资源,不仅可以成为旅游目的地的标志,还可以作为一种文化名牌满足旅游者的个性化审美体验需求。《环球时报》2003 年曾刊载文章谈道:“世界舞台剧的中心有两个,一个是伦敦西区,一个是纽约百老汇。伦敦西区以原创闻名,而百老汇则以成功的商业操作享誉世界。”[②]同时,它们也是全球游客心中的观光胜地,作为当地旅游热门景点推动着整个地区的经济发展、文化繁荣,对外也在传播着它们的文化和价值观,甚至成为一种文化输出的工具。在当前的社会语境下,舞剧已经不仅仅是一个剧种、一部作品、一类文化形式那么简单。“党的十八大以来,习近平总书记就文化和旅游工作发表了一系列重要论述,科学回答了事关文化建设和旅游发展的方向性、根本性、全局性问题。”[③]文旅融合是实现文化高效能传播的必然要求,舞剧凭借其包容性,可以实现艺术创作与旅游的“跨界”,从而成为丰富旅游产品、拉长产业链条的活力要素。因此,应该注重以文化为“卖点”“亮点”,打造更多具有趣味性、观赏性、人文性的精品旅游项目,促进舞剧产业化融合发展。

(三)借力国家政策支持,让我国优秀作品真正“走出去”

当下,我国原创舞剧艺术要完成较高程度的产业化并取得长足进步,离不开国家相关文化、文艺扶持政策和文旅企事业单位搭建的良好平台。只有真正实现舞剧艺术

---

① 周映辰. 作为文化产业的中国音乐剧[J]. 南方文坛,2015(6):161.

② 程刚. 百老汇,抓住观众就是成功[N]. 环球时报,2003-02-12.

③ 杨志纯. 推动文旅融合发展从理念走向行动[N]. 新华日报,2019-01-17.

与国家政策的高度契合,才能够做到高质、高效、高产地推进我国原创舞剧艺术的产业化进程。如此,在政策的商榷、草案拟定和制定过程中,来自社会各界的有力支持,将使国家文化、文艺政策的出台和落实能够真正助力中国本土原创舞剧艺术的发展。比如,邀请专业的数据分析团队出具具有科学性、前瞻性的行业分析报告,帮助原创舞剧主创团队更好地创作出符合观众审美偏好和市场需求的艺术作品;设立大型舞剧演出基地,以低票价吸引更多受众观看;与舞蹈人才培养机构合作,设立专门的艺术基金,扶持更多优秀的舞者和作品;在全国范围内开展舞剧竞赛,以此建立良性、专业化的评价机制。这一系列落地政策及运作良好的平台,将有助于我国更多优秀的原创舞剧作品"走出去"。

(四)原创舞剧作品融入更多的传统文化和民族特色

我国原创舞剧的产业化发展不能单一地依靠国家相关政策的支持,否则很容易继续走回原来的"体制固化——艺术僵化"的老路。"打铁还需自身硬",强大的产业链离不开每个环节的紧密结合,原创舞剧市场也需要更多的优秀作品加持,原创舞剧的创作者们应努力提高作品自身的质量。既然强调是我国原创舞剧,就必须在作品中融入更多我国的传统文化和民族特色。"我们要解放思想,勇于探索。关于中国舞剧的现代表达,就是要用世界听得懂的语言来讲述东方故事、展现东方审美、传达东方哲学。"①中华文明上下流传五千年,丰富的传统文化资源就是我们的优势。原创舞剧用西方舞姿演绎现代故事未尝不可,但是用东方舞步展现东方审美、传达东方思辨哲学可能更胜一筹。然而,知易行难,如何将传统美学融入当代舞剧是亟待探讨的问题。汉唐古典舞学派给舞剧工作者们提供了一个思路,他们提炼出汉代画作中的人物形态,根据线条流动的规律,摸索出动作中美的韵律,从而创作出诸如《铜雀伎》《踏歌》等优秀作品。舞剧艺术创作者们应该从古代文献中汲取营养,沉下心来摸索其中蕴藏的大智慧,让原创舞剧创作更上一层楼。前文提到的《朱鹮》《青衣》《永不消逝的电波》大获成功,都离不开舞剧艺术创作者对于传统元素的挖掘,意境、留白、简单朴素这些传统的美学观念被完美地运用在现代艺术形式中,使得作品妙趣横生、余味悠长,很值得后来的舞剧艺术创作者们思考、借鉴和效仿。

---

① 梁戈逻.中国舞剧的未来之路[J].民族艺术研究,2016(3):57.

四、结 语

随着时代的变迁和社会观念的更新，当前我国原创舞剧呈现出鲜明的时代色彩和蓬勃的发展态势。当前，我们需要从前期创作和后期推广宣发两个维度关注舞剧艺术的发展，让更多观众了解、关注、喜爱这门充满魅力的艺术形式。一方面，我们能清晰地看到我国原创舞剧产业的发展潜力之大、前景之广，同时另一方面，我们也能清楚地认识到当前原创舞剧存在内生动力不足、营销力度不够、市场化体系不完善等问题，这就需要尊重作品创作规律、人才培养规律、产业发展规律等，借鉴欧美等地区舞台剧创作演出方面的经验，探索出一条适应我国观众审美及市场规律，具有我国特色的原创舞剧发展之路。

〔张笑，河南师范大学文学院2018级硕士研究生，主要研究领域：文化产业；楚惬，荥阳文学院助理创作员，中国文艺评论家协会会员、河南省戏剧家协会会员，主要研究领域：中国戏曲与地方民俗〕

文学与传播

《红楼梦》中的贾宝玉与《聊斋志异》中情痴的异同

盛凤娟

【摘要】《红楼梦》是“大旨谈情”的作品,其所言之“情”全在一个“痴”字上,宝玉便是典型的“情痴”,而《聊斋志异》中各色花妖狐媚身边的特殊群体也有“痴”这个共性。他们的共同点在于都大胆追求爱情,崇尚知己之爱。不同之处在于二者追求爱情的过程以及他们身处的环境大小。从作品表现出的思想内涵来看,《红楼梦》的反封建程度更为强烈,但二者都肯定了自然情欲,批判了捆绑男女婚配自由的封建婚姻制度,表现出作者对炽热爱情的赞颂和向往。

【关键词】贾宝玉 《聊斋志异》 情痴 知己之爱

一、情痴的含义

什么是情?《说文》引董仲舒云:“情者,人之欲也。”①《礼记 · 礼运》中说:“何谓人情,喜、怒、哀、惧、爱、恶、欲,七者弗学而能。”②《荀子 · 正名》中也认为:“性之好、恶、喜、怒、哀、乐谓之情。”③

什么是痴?许慎《说文解字 · 卷七下》曰:“痴,不慧也 。”④后来“痴”逐渐被赋予“痴迷”的含义。佛语讲“迷惑之心,名之为痴 ”。由此又引申出“专情”之“痴”,《汉书》云:“今子独坏形貌,蒙耻辱,为狂痴,光曜晻而不宣。”⑤痴:“专情也。”本文所论的情痴主要是指最后一种,专情之痴,指的是感情专一、忠于爱侣。

《红楼梦》所言之情全在一个“痴”上,周汝昌在《曹雪芹小传 · 序》中说:“这个‘痴’字在《红楼梦》里是个重要的意境,是描述‘情’的中心观念。”⑥《红楼梦》中因情

①② 许慎撰. 段玉裁注. 说文解字注 · 心部 · 十篇下[M]. 2版. 北京:中华书局,1988:502.

③ 荀子. 荀子 · 正名[M]. 沈阳:万卷出版公司,2009:335.

④ 许慎. 说文解字 · 疒部[M]. 北京:社会科学文献出版社,2005.

⑤ 班固撰,颜师古注. 汉书 · 韦贤传 第四十三[M]. 北京:中华书局,1975:3101.

⑥ 周汝昌. 曹雪芹小传 · 序[M]. 天津:百花文艺出版社,1980:10.

入痴的人物历历可数,其中宝玉之情痴最具代表性。

而《聊斋志异》全书490余篇,最能代表《聊斋志异》风格的狐妖鬼怪身边有一个特殊的群体,比如《阿宝》里的孙子楚、《婴宁》里的王子服、《青娥》里的霍桓、《青凤》里的耿去病、《阿绣》里的刘子固、《连城》里的乔生、《白秋练》里的慕蟾宫、《王桂庵》里的王桂庵、《葛巾》里的常大用、《晚霞》里的阿端,等等。他们的性格都有一个共同点,那就是痴。正是这些痴人与狐妖鬼怪结合在一起,才形成了《聊斋志异》这个令人神魂颠倒的痴情世界。

真正的爱情往往离不开痴,宝黛爱情与《聊斋志异》中的许多爱情故事之所以感人肺腑,原因就在于它们把爱情中的痴演绎了出来。

二、贾宝玉与《聊斋志异》中情痴的相同点

(一)大胆追求爱情

情痴都是大胆追求爱情的典范,他们勇敢地表达自己对心上人的热切情感,即使遭到打击也仍然不屈不挠。

宝玉挨打之后,黛玉前来探视,"两个眼睛肿的桃儿一般,满面泪光"①,而宝玉不顾自己疼痛,只担心太阳的余热可能会让黛玉中暑。黛玉深知宝玉对自己情深,为了宝玉日后不再受惩罚,说:"你从此可都改了罢!"②没料到宝玉一口回绝,告诉黛玉:"你放心。"③当天晚上,宝玉还让晴雯给黛玉送去了两方半新不旧的手帕。宝玉挨打的原因之一就是"表赠私物",现在伤口还未愈合,非但不悔改,反而明知故犯,足以说明他对黛玉的情深义重是任何人都无法阻止的。两个人情意绵绵,全然不把约束他们爱情的封建礼法放在心上。对宝玉来说,两方旧帕代表了他们的爱情;对黛玉来说,两方旧帕足以显示宝玉对她的情深。由此宝黛爱情非但没有驻足不前,反而更绵长、更悠远了。

《阿宝》中的孙子楚也和宝玉一样,追求爱情十分大胆。一个被旁人嘲笑的呆子,仅凭他对爱情的坚定不移和大胆追求,就得到了阿宝的喜爱。"大贾某翁"为自己的女儿阿宝择良婿,阿宝开玩笑说断掉手指就嫁给他,未曾料到孙子楚居然相信了,真的切断手指,差点丧命。刚缓过来他便去寻阿宝,阿宝却仅仅觉得孙子楚此举奇怪,未曾

① 曹雪芹.红楼梦[M].3版.北京:人民文学出版社,2008:450.

②③ 曹雪芹.红楼梦[M].3版.北京:人民文学出版社,2008:451.

有托付之意。清明郊游之际,孙子楚终于见到了倾国倾城的阿宝,惊为天人,呆立在那儿,但魂魄已然跟着阿宝去了。家人见回到家的孙子楚终日卧床不起,浑浑噩噩,只好到阿宝家招魂,这时阿宝才真正被孙子楚的痴情所感动。水月寺相遇之后,虽然阿宝早已动心,但碍于家世悬殊,孙子楚仍然不能抱得美人归,他再次病倒,痴情至深,竟化作鹦鹉飞到了阿宝的住处,"解其缚,亦不去""他人饲之,不食,女自饲之,则食""女坐,则集其膝;卧,则依其床。"且云:"得近芳泽,于愿已足。"①孙子楚从断指到离魂化鸟,不顾生死局限,情深至此,无一不显示出他对爱情的大胆追求。

(二)注重知己之情

贾宝玉与《聊斋志异》中的情痴对女性都十分尊重,在感情和婚姻方面看重的并非门第和钱财,而是双方心灵的契合度,注重知己之情,对恋人爱慕敬重。

对于宝玉的痴与情,尽管宝玉"情不情""爱博而心劳",但他的最痴处仍然在于对黛玉的痴情。宝黛之间的爱情,打破了历来才子佳人的爱情故事,远远地超越了形色肉欲和功名利禄,是单纯的彼此关心、彼此吸引的知己之爱,是经过相处之后产生的相互理解、相互沟通的爱情关系。《红楼梦》突破了男女授受不亲的封建礼制,叙述了宝黛爱情从萌芽到难分难解、非他不可的过程。这种在理解和沟通之后产生的感情,自然要比一见钟情、一见倾心更牢固些。此外,宝黛爱情写得更多的是心理上的情,而非生理上的肉欲,两个人三观一致,与封建思想不同,丝毫没有必须走仕途道路的想法。因此,宝黛两人的爱情是超乎情欲的,是在三观一致的基础上衍生出来的,已经达到了精神层面上最真实、最美好的知己之爱。

情痴的共性是对恋人的爱慕与敬重,在这些描写情痴的作品之中,《聊斋志异》有一篇尤为出色,那就是《连城》。《连城》里的人物乔生少年有成,正直热情,是一个有勇气、赤诚的书生。看了连城的《倦绣图》之后乔生写的两首诗,既表现出他对当时被限制在闺阁中的女子的怜惜,也表现出他对连城才气的钦佩。连城也被乔生的才华横溢和真才实学打动。由此看来,他们两个人的爱情不是基于对相貌的追求,而是基于才华和智慧,后者明显要比前者更持久、更稳固,经得起岁月的考验和磋磨。这种感情的痴和宝黛一样,是建立在精神层面上的知己之爱。可是连城的父亲并不认可这段感情,嫌乔生太过贫困,想把连城嫁给鹾贾之子王化成。连城听到这个消息后一病不起,此病"须男子膺肉一钱"才能治愈,王化成作壁上观,而乔生毅然决然地选择割肉救连城的性命,爱到深处的他已经全然不顾惜自己的身体了。连城劝他忘了自己去开始美

---

① 蒲松龄.聊斋志异[M].上海:上海古籍出版社,1981:99.

好的生活也被乔生断然拒绝。他们的知己之爱是凌驾在肉体和婚姻之上的，两个人虽没办法相伴，彼此的心却牢牢牵挂着对方。王氏提亲之后过了数月，连城便香消玉殒了。乔生去吊丧时，一时大恸难抑，跟着连城去了。这是爱情的最高境界，是超越了婚姻和生死的知己之爱。

三、宝玉与《聊斋志异》中情痴的差异

（一）追求爱情过程的不同

《红楼梦》与《聊斋志异》二者追求爱情的过程有所不同。在《聊斋志异》有关情痴的一系列作品中，痴情的男女主人公往往依靠仙人或借助仙人的工具达到自己的目的，推动剧情发展；而《红楼梦》写宝黛爱情时，用的是写实的笔法，避免传奇化、理想化的倾向。

《聊斋志异》中的情痴作品勾勒出一个诞而近情、似真似幻的特殊情爱世界。其中，幽冥世界、神仙洞府与现实社会相连，爱情中的男女可以出入其间。《连城》里的连城和乔生，因家世悬殊被拆散，连城郁郁寡欢而亡，乔生大恸之下也一命呜呼，两人死后在鬼域重逢，遇到要帮助乔生还阳的顾生时，乔生说不愿独生，必须和连城共存亡，最终二人顺利从鬼域回到人世，结成夫妻。除此之外，《阿宝》里孙子楚的魂魄先是追随阿宝而去，后又附在死去的鹦鹉上，只为陪在阿宝身边；《青娥》里的霍桓利用道士所赠之小鑱与青娥相见；而《湘裙》里的湘裙与晏仲和《聂小倩》里的聂小倩与宁采臣则是借生死界的穿越和超脱来实现生者与死者的相会。《聊斋志异》真中含幻、幻中带真的叙述更好地表达了爱情这一文学主题。现实的封建社会阻力太大，无法满足情痴对爱的大胆追求，《聊斋志异》便借助幻域的力量帮他们实现在一起的愿望。其中写实的部分让人感同身受，叙梦写幻又让人感慨惊叹，这种现实与梦幻结合的创作方式使得故事情节曲折多变、跌宕起伏，人物性格鲜明，在反映现实社会中某些问题的同时，又表达出作者歌颂爱情的情爱理想。

与《聊斋志异》描写情痴的方式不同，《红楼梦》叙述宝黛爱情时，没有借助神秘力量推动剧情发展，而主要运用写实的手法展示残酷的现实生活中每个人面临的伤痛和悲哀，非但没有省略甚至还采用延宕的手法，以摆脱迅速达到私订终身或成就婚姻的高潮。宝玉和黛玉平日的交谈地点便能充分证明此观点，其中有宝钗家里、黛玉房里、贾母房里，以及潇湘馆、怡红院里，园中随便某处的小路上，还有府外的清虚观里……交谈地点具有很大的偶然性，涉及地点极其广泛，时间密集分布，交谈随意，谈话经常

被打断,从而不能导致任何现实的行动。这些谈话完全接近现实生活中谈话的状态,具有很强的任意性,并且产生不了实质性的结果,因而也避免了一见钟情、私订终身的套路。宝黛的定情信物是宝玉挨打之后赠给黛玉的两方旧帕,若是按照才子佳人叙事的笔法,两人送完定情信物便足以私订终身了,更遑论女方还在帕上题了情诗。但宝黛爱情刻意追求一如现实生活的真实,因而宝玉始终不知黛玉题诗的举动,也未曾看过帕上的诗,这样力求避免传奇化、戏剧化、理想化的写实笔法是一种全新的突破。

(二)背景篇幅的大小相异

《红楼梦》与《聊斋志异》二者叙写情痴的环境也有很大差异。

《聊斋志异》中描写情痴的作品,关于社会背景、家庭环境的描写较少。篇幅短小、人物不多,却具有高度的凝练性,容量大,因而情节曲折,故事内容起伏不定、变化多端;如果行文平淡拖沓,就难以表现丰满的各色人物,更不可能完整地讲述曲折感人的故事。所以作者调动了一切艺术手段来组织结构文章,尤其是在运用重复、对比及虚实结合、独特的结尾艺术等手法方面最为突出。

而《红楼梦》则以宝、黛、钗三人的爱情纠葛为全书的主线,其中又穿插着对贾、王、史、薛等四大家族兴衰变化的描写:从皇帝、皇妃到王公侯伯、地方官员,构筑了一张密集的官僚网络。他们以婚姻为连接枢纽,内部联系紧密,互相帮衬,一荣俱荣,一损俱损。因此官僚网络以四大家族为核心,各种关系呈辐射状展开,形成了这本书的外部框架。框架稳固的时候,贾府繁荣昌盛,如火如荼;框架破碎的时候,贾府土崩瓦解,一蹶不振。所以框架的稳固与否也与《红楼梦》中人物的命运紧密联系在了一起。

四、情痴表现出的思想内涵

情痴,是在男尊女卑的封建社会里,试图以一种男女平等的态度对待女性,给予女性同等的地位。很明显,曹雪芹和蒲松龄都是要在他们构建出的虚拟时空中,呈现出一种全新的人与人、人与物、男女两性之间的理想化关系。《红楼梦》中的贾宝玉与《聊斋志异》中的情痴都表现出作者对真实、炽热爱情的赞颂和向往,对束缚本性和压抑情感的封建礼教、封建制度予以轻蔑和质疑。

《聊斋志异》中一系列描写情痴的作品创造性地把"士为知己者死"移入了爱情的范畴,其中所赞颂的男子形象大都品性纯笃、富有才学,对待爱情更是一往情深,为寻求倾心的知己之爱,不惜付出自己的生命,他们对爱情都有着更高的追求。这样的男子也是作者心目中理想的形象,这种种美好形象的出现都给处在那个黑暗社会中的人们以方向和希望，表达了作者对种种社会问题的反思。无论是因为心上人魂不守舍、魂牵梦萦的王子服，抑或是跨越生死界限长久相伴的牡丹、耐冬和黄生，还是不管别人如何看待毅然娶了貌丑妻子的贺生，他们都是大胆追求并且一生都坚守爱情的情痴。蒲松龄借助一个又一个情痴，表现了自己独特的人格。《聊斋志异》中的情痴不是生理上的痴傻，而是大智若愚与真诚待人的结合，读者可以从中看到生命最真实的状态。蒲松龄塑造出的情痴既有对异性认可的渴望，又蕴含着对主体自我生命价值的认同，使被生活打击的生命在情痴的世界中得到霎时欢愉。

曹雪芹则更为自由一些，反礼教的程度也更加深刻。宝黛爱情显示出了他全新的三观，也展现出他朦胧超前的人生理想。在封建社会男尊女卑的时代里，宝黛爱情表达出作者对女性的尊重，而这也正是作者写爱情的思想根基。曹雪芹借助空空道人检阅《石头记》时明确指出："虽其中大旨谈情，亦不过实录其事，又非假拟妄称，一味淫邀宴约、私定偷盟之可比。"[①]由此可见，《红楼梦》主要是用写实的笔法叙述男女之间的感情，以小见大，牵引出世间人性的本态。宝黛爱情表现出了曹雪芹对美好人性的渴望以及对自由幸福生活的向往。

综上所述，贾宝玉和《聊斋志异》中的情痴都肯定了自然情欲这一人性特征，批判了捆绑男女婚配自由的封建婚姻制度，挖掘和表现了女性在婚恋中的作用，《红楼梦》和《聊斋志异》两本书都传达给人们进步的情爱观。

〔盛凤娟，曲阜师范大学文学院2018级硕士研究生，主要研究方向：中国古代文学〕

① 曹雪芹. 红楼梦[M]. 3版. 北京：人民文学出版社. 2008：6.

“垃圾美学”视角下后现代主义小说的文学创新性

——以《白雪公主后传》为例

张 珊

【摘要】美国后现代社会的“垃圾美学现象”在表现形式和文本内容上都体现了美国后现代主义小说创作的价值。一方面,小说中看似无意义的“语言垃圾碎片”是语言符号系统的表现形式;另一方面,小说文本中的垃圾现象也是文化价值和文本意义的重要体现,揭示了经济制度的不合理、生态环境以及人的主体性等的迅速沦丧。“垃圾先生”唐纳德·巴塞尔姆的《白雪公主后传》是“垃圾美学”视角下后现代主义小说文学创新性的一个范例,体现了语言垃圾游戏成为后现代主义小说创作的美学新形式,凸显了垃圾美学在后现代主义小说创作中的语言实践,即语言拼贴并置的“无限性”和反复累赘的语言“淤沉性”。垃圾美学与小说文本内容存在着映射关系:形式即内容,内容即形式,只有人创造形式,才能赋予其意义。

【关键词】美国后现代主义　垃圾美学《白雪公主后传》

美国后现代主义文学彻底抛弃了传统文学创作,认为不确定性、变化才是一切创作的源泉和根本。美国后现代主义小说中错乱的情节、拼贴的垃圾文字游戏、离题的争论以及错位的事件等都体现了“无序的非线性叙述特点”;而后现代主义小说晦涩难懂的语言、丰富的叙事又体现了“拥挤的美学”。“二战”结束后,西方先进工业和经济的快速发展,在给人们提供丰富的物质享受的同时,也造成了严重的物质浪费以及由此产生的大量垃圾。因此,后现代主义小说在文本内容上更注重描绘技术污染、垃圾泛滥、人性沦丧等文化泡沫现象。从这个角度来看,垃圾语言不仅在表现形式上体现了美国后现代文学风格的美学新创造,而且在文本内容方面也体现了“后现代垃圾现象”。垃圾不再是日常生产和消费链条之外的无用物、剩余物,它本身就成为展现生态环境恶化、人际关系冷漠、语言无意义性和生活沦丧的一种载体和手段。

一、垃圾美学与后现代主义文学风格创新

20世纪60年代是美国非主流文化对主流价值观全面反击的时代，“激发热情”“脱离体制”等口号一度成为这一代人反主流文化思潮的座右铭。年轻人沉湎于迷药，热衷于追求东方哲学，倡导回归简朴的田园生活，反对政治教条主义和传统新教的束缚，反抗技术浪费和废气排放等垃圾现象。作为“二战”后主要的文化和美学实践，后现代主义小说创作积极响应这一主流的文化思潮，在文学作品创作中，后现代小说作家主张多元化的认识观，将“荒诞”存在主义无限放大，使得内容中心化和意义清晰化都烟消云散。于是，中心和主题边缘化、意义虚无化、内容零散化、无意义拼贴、不确定性、反讽等后现代文学创作方式应运而生，进而揭示了世界本原的丧失给人们带来的崩溃绝望的生活状态。

传统文学创作的核心一般以人的主体现实生活为切入点，人成为文学创作的一切和中心。但传统的文学创作已经不足以呈现和表达后现代人们荒诞离奇的生活状态，因此美国后现代主义文学创作颠覆了传统的文学创作规范：宣告主体死亡、作者死亡，作品中的人物也随着公众群体的消失自然而然地消亡。在美国后现代的文学作品中，人物只不过是一个空洞的毫无意义的符号，不再是丰满、有血有肉的意义载体。后现代主义作家相信不确定、自发随意创作才是创作的本质，因此后现代主义文学创作拒绝深度、意义，拒绝任何解释；读者只需通过阅读亲自体验，以自己的意识来解读文本。在后现代主义作家看来，体验的过程本身就是意义的体现。

在精神萎靡不振、慌乱无序的后现代社会里，媒体语言、流行话、陈词滥调泛滥成灾；人们被语言控制，成为语言的奴隶。人在语言中毫无地位，正如唐纳德·巴塞尔姆所说，人只是语言的载体——我只是语言体系的一部分，是语言说我，而非我说语言。当人们在陈词滥调中逐渐丧失对自我和世界的认知时，语言符号就失去了中心和意义本原的功能，一切叙述就显得那么苍白无力、废话连篇，这样的语言就成为毫无意义的垃圾。美国后现代文学在文体的表达方式上恰恰运用了矛盾、不连贯、任意性的语言垃圾碎片，有意识地展现了后现代社会人类生存的真实状态和内心世界。这种“语言垃圾”在文学创作中不仅具有真实感，还被赋予了一种新的含义。后现代主义小说通过摧毁当代神话和多愁善感的陈词滥调，在叙述中玩文字垃圾游戏，随意组合事物的

态度,迫使读者面对有待解读阐释的碎骸,来完成文学的美学任务①。

在美国多元文化的舞台上,美国后现代文学从改变小说的内部结构和构成要素着手,抛弃了传统的文学创作,在叙述手法上追求毁灭与创造并存。在美国后现代主义者看来,后现代文学创作不应该以虚无的理论作为创作依据,而应该在解构现存传统的文学风格基础上进行文学和艺术的创新。因此美国后现代小说颠覆了传统的创作风格和手法,内容东拼西凑、断章取义;文本里堆砌的是毫无意义的碎片、噩梦般的内心独白、戏仿的童话故事等语言垃圾,充分地向读者展现了无序的世界、混杂的人物关系和无序的情节,在阅读中读者常常感到晕头转向、不知所云。但是巴塞尔姆在《白雪公主后传》中通过人物之口对后现代主义小说中那些所谓的"语言垃圾"进行了辩解:"我们喜欢里面有许多糟粕的书,也就是那些与内容不完全相关(有时甚至根本无关)的东西。但如果细读的话,那东西又可能提供一种营造氛围的感觉。这种'感觉'是在字里行间所无法找到的(因为字里行间是空白,一无所有),而只能通过阅读字行本身——看着文字,于是得到一种感觉,不完全是满足感,那期望过高,而是一种已经阅读,已经'完成'的感觉。"②

显然垃圾语言游戏是后现代精神创作的一大主题,是对自由的一种追求,但它同时也是对后现代人自我生存意义的重构。当代哲学家维特根斯坦在《哲学研究》中也指出:"语言游戏是把语言和行动(指与语言交织在一起的那些行动)结合在一起,它强调了一个事实,即使用语言是一种活动,或者是一种生活形式。因此想象一种语言意味着想像一种生活形式。"③在后现代文学创作中,作家通过文本进行一场语言智力游戏,就连自诩"垃圾先生"的巴塞尔姆也说:"父亲在梦中对我说,我的作品是垃圾,在梦中他叫我垃圾先生。"④的确,《白雪公主后传》乍看就是把文字、图片、符号、照片等碎片化的一堆杂七杂八的内容堆砌到一起,但就是这样的垃圾语言却体现了作者无穷的智慧游戏,需要读者细心研读才能体会其中的乐趣和真谛。因此如果把文学作品看作游戏,那创作的目的就在于娱乐,一种寓教于乐的娱乐。

同时,在《白雪公主后传》中,通过七个小矮人所从事的塑料野牛制造业,巴塞尔姆隐喻了后现代社会人们的消费观和后现代文学创作的新风格。"二战"结束后,工业化生产的飞跃发展产生了大量危险的工业新垃圾,比如合成塑料;后现代社会垃圾

① 虞建华. 后现代环境与巴塞尔姆的小说——《白雪公主后传》(代序)[M]//巴塞尔姆. 白雪公主后传. 虞建华,译. 上海:上海译文出版社,2005:22.

② 巴塞尔姆. 白雪公主后传[M]. 虞建华,译. 上海:上海译文出版社,2005:86.

③ 维特根斯坦. 哲学研究[M]. 李步楼,译. 北京:商务印书馆,1996:12.

④ 巴塞尔姆. 白雪公主后传[M]. 周荣胜,王柏华,译. 哈尔滨:哈尔滨出版社, 1994:209.

现象成为人们茶余饭后的谈资，因此在书中一个小矮人说道："这个国家人均制造的垃圾……以每年大约百分之四的比率增长……问题从如何处理'垃圾'变成了如何赏识它的特性……由于活野牛已不复存在，塑料野牛制品就是纯粹的"垃圾"，事实上还有什么东西更无用，更属于垃圾呢？是因为我们想要占据垃圾现象——那个颠倒未来领域的领导地位，那就是为什么我们也特别关注有可能被看作垃圾现象典型的语言的那方面。"①美国学者拉里·麦克弗里先生也认为这是《白雪公主后传》中最著名的段落，同时也是代表巴塞尔姆风格最著名的段落。他称"该小说是'垃圾美学'，认为这是巴塞尔姆本人所运用的一种美学：他运用垃圾语言和陈词滥调来建构他的小说"②。而这样的"垃圾现象"并不是指需要被丢弃的破烂东西，而是把美好的、普通的事物放在了错误的、不合理的位置，导致了一种无序的状态。塑料野牛块并不是真正的牛肉块，只是用不能食用的塑料制造而成，这恰恰代表了一种毫无用处、毫无价值的垃圾。在小矮人看来，不久之后，美国的一切都会成为垃圾。

因此，语言实质上就是语言"垃圾"现象或"填充物"的一种模式，正如世间万物，少则惜之，多则弃之，见惯不怪。因此当语言垃圾堆积到一定程度，就会成为常规事物，后现代作家用这种所谓正常的、可以理解的、相互关联的方式来建构后现代社会人们荒诞离奇、混乱迷茫的生活。由此可见，语言垃圾不仅是后现代主义小说文学创新风格的重要构成因素，同时，垃圾作为隐喻更是后现代小说中语言符号系统与文化价值和意义体现的破坏者和创新者。

二、垃圾美学与后现代主义的语言"无限性"和"淤沉性"实践

美国后现代主义文学的语言策略的主要表现是"元语言"的消失，即用非线性的碎片创作手法，玩弄文字游戏，以不确定性的叙事模式颠覆了传统的阅读期待，消解了传统的美学趣味和深度，导致表达和叙述的紊乱。美国后现代文学中的人物中心化逐渐表现为人物的变形，话语表现为语言和表达的扭曲。语言垃圾的"无限性"主要体现在"残片并置"或者"拼贴"，即"一部作品包容各种典故、参考、引文和外国表达法等，或者将不同作家作品中的片段、日常生活中的俗语、报纸杂志、新闻和剪报等拼凑在一起"③。这种语言"无限性"打破了传统线性叙事中故事的延续性和情节发展的逻

① 巴塞尔姆. 白雪公主后传[M]. 虞建华，译. 上海：上海译文出版社，2005：80.

② 麦克弗里. 垃圾美学：巴塞尔姆的《白雪公主》[M]//唐纳德·巴塞尔姆. 白雪公主·附录. 周荣胜，王柏华，译. 哈尔滨：哈尔滨出版社，1994：354.

③ 孙宇. 后现代视野中的白雪公主[J]. 哈尔滨商业大学学报(社会科学版)，2008(2)：126.

辑性,文本成为碎片的无意义拼贴,从而进行意义的不断延伸,同时又对意义进行解构,目的就在于反映一种失去了信仰的破碎的后现代生活状态。小说中的叙述者或者主要人物的生活,破碎成了一系列不连贯的语言碎片,成为语言垃圾的拼贴画。拼贴画中的人物把自己的生活碎片拼贴起来以便更深入地了解自己,结果他们被荒诞的生活搞得七零八落,他们意识到在人情冷漠的社会中自己的努力永远无法实现,一切都显得那么苍白无力。后现代主义小说作家并不在意自己写什么、想要表达什么,而是让生存的噩梦无序地出现,让读者在生存的废墟堆里寻求自我认知和自我价值。后现代主义小说家就是这样将零散的语言残片并置,使其发生冲撞,产生强烈的"短路"效果,来使小说意义不断扩展、延伸和异化的。①

在唐纳德·巴塞尔姆的美学观念里,"拼贴原则是20世纪所有传播媒介中的所有艺术的中心原则。拼贴的要点在于把不相似的事物粘在一起,在最佳状态下,创造出一个现实。这一新现实在最佳状态下可能是或者暗示出对它源于其中的另一个现实的评论,或者,还不止这些"②。而《白雪公主后传》就是语言碎片在垃圾堆上的狂欢化舞蹈。首先,小说的编排打破了传统的连贯式,通过片段、图片等无意义的元素拼贴起来。全书被分割成100多块没有序列和标题的片段,甚至每个标题都可以独立成章。每页所介绍的人和事物以及内容之间既没有任何关联,也没有任何过渡。有的片段貌似和文中的人物有些关联,有的干脆就讲些和小说内容毫无相关的题外话。除此之外,在文章中随处可见大写字母拼贴而成的毫不相干的黑体字。比如:

> 白雪公主的心理:
> 在恐惧方面,她害怕
> 镜子
> 苹果
> 有毒的梳子③

巴塞尔姆将原童话中零碎的碎片与小说的内容并置,但二者却毫不相干。这插入的题外话,与前后两个章节也毫无关系。在断裂的语篇中,人物频繁地进场、退场以揭示人性的冷漠:大家各有想法,缺少坦诚交流,并不断地向人们诉说着生活的乏味和精神的困惑。这些没有标点的破碎的片段不仅瓦解了原叙事,在某种意义上也是垃圾语

① 虞建华.后现代环境与巴塞尔姆的小说——《白雪公主后传》(代序)[M]//巴塞尔姆.白雪公主后传.虞建华,译.上海:上海译文出版社,2005:24-25.

② 陈世丹.美国后现代主义小说艺术论[M].沈阳:辽宁师范大学出版社,2002:57.

③ 巴塞尔姆.白雪公主后传[M].虞建华,译.上海:上海译文出版社,2005:12.

言的美学狂欢。巴塞尔姆戏仿现代派常用的意识流的手法，将白雪公主的心理描绘采用小片段拼贴起来，这是一种意识中断，更是一种主题思想的凸显。由此可见，碎片的拼贴解构了传统小说的线性叙事结构和审美方式，打破了读者对作品的理解和期待。当读者如作者所想的那样将童话和小说展开对比时，则更加体现了小说的“元小说”特征——作品中套作品，文本中套文本，从而达到一种新的美学体验。

另外，语言垃圾的“淤沉性”则主要体现在无意义词语的堆积、句子的反复累赘、措辞的重复等方面。在有的章节里，巴塞尔姆将烦琐的细节罗列出来，貌似有所指，实际上毫无意义。例如在描述白雪公主清扫房间的章节中，作者像记流水账似的记录了白雪公主如何清洁书本、煤气灶、烤盘、炉灶等厨房设施，用了13个“然后”把机械的动作联系起来，使得整个章节看起来索然乏味。这样无意义的堆砌只是为了突出后现代小说创作的无深度性，拒绝任何解释。同时，后现代主义小说家打破了传统的语言表达规范，用冗长的重复句式和怪异的词组宣泄了人物的情绪或者影射了自然生态危机和社会丑陋等问题。再如在巴塞尔姆的《白雪公主后传》中，女主人公白雪公主在其不连贯的独白中对自然世界中的男性统治表现出了愤怒：“野牛跑到哪里去了？你可以走数英里、数英里、数英里、数英里、数英里、数英里、数英里都看不见一头！但那阻止不了他们让铁路占据最好的土地！也阻止不了他们让疏离感渗透每一个地方，覆盖每一样东西，就像你把开关拧到‘开’的地方仍不发热的一条巨大的灰色电热毯。”①

这里，“数英里”像循环磁带一样重复了7次，冗繁语言表达的不是一个完整的符号意义系统，而是离散的和凌乱的概念。该词的多重交错和反复出现旨在反讽，讽刺大量的农业耕地被挪用建造铁路，破坏了自然生态环境，人们平静美好的田园生活被打破。因为失去与土地和自然的紧密联系，人们感到无比孤独和痛苦，进而丧失了身份认同感和归属感。由上可知，一些看似非创造性的似是而非的“垃圾”语言却能强化人物的情感表达或者揭露一些人们熟视无睹的社会生态问题，起到一些常规语言所无法表达的语言效果。因此在后现代文学语言实践中，垃圾语言既能解构也能重构人们对于语言符号系统和文学价值的认知。

三、垃圾美学与后现代主义文本内容的映射特征

后现代主义小说对语言垃圾形式的追求并未忽视对文本内容的探究，被认为是第一位后现代主义作家的贝克特也主张形式和内容的统一。对于后现代主义小说家来

---

① 巴塞尔姆.白雪公主后传[M].周荣胜，王柏华，译.哈尔滨：哈尔滨出版社，1994：131.

说,“只有描绘出世界的具体的实在的物质存在——形式,才能显示意义,因为‘只有人创造的形式,才可能赋予世界以意义’”①。因此垃圾元素在后现代主义小说中不仅是语言符号系统和价值体系的一部分,同时也是小说文本内容的重要构成要素。受到后期资本主义政治制度的影响,后现代社会科技的迅猛发展给人们带来了物质的丰富享受,但同时也出现了技术污染、资源浪费、垃圾成堆等社会不良现象。垃圾的增长不论是核废料之类的辐射性垃圾还是日用垃圾,都充斥在人们生活的方方面面。因此,后现代的垃圾现象不再是具有远离生活的“超自然”之物,相反,垃圾本身就是生活和现实的真实载体。作为一种文化和价值载体,后现代主义小说通过对垃圾、废物的描写,折射出后现代社会经济制度的虚伪、生态环境的恶化等现象。

受到美国“二战”和各种社会运动思潮的影响,人们传统的人文精神发生了巨大变化。在后现代社会中,童话式的美好愿望遭到粉碎,取而代之的则是信仰的缺失、秩序的崩溃、传统道德的沦丧、日益膨胀的自我中心和冷漠荒诞的人际关系。正如虞建华教授在《后现代环境与巴塞尔姆的小说〈白雪公主后传〉》中所说:“巴塞尔姆笔下的人物常常像行尸,缺少灵魂;像木偶,在欲望的牵动下突然夸张地动作。”②人们如“行尸走肉”一样无聊空虚、漫无目的地生活,循环往复却找不到任何出口。

在后现代文学创作中,垃圾元素的描写不仅揭示了政治经济制度的变化,还揭露了资本主义经济制度的不合理。比如《白雪公主后传》中,人们读到“根据下车礼仪,乘客应该一个接着一个从飞机上下来。最为著名的先出来,而臭名昭著的最后一个下机。克莱姆站在下机梯上看着拥挤的街道——芝加哥的街道上到处都是大众汽车。许多孩子穿着被部队遗留下来的衣服,行为却十分反常。黑色的污垢充斥着整个天空。这是一个自由的世界。”③从这些文字可以看出,对这些汽车产生的垃圾废气和空气污染的描写潜藏着一种强烈的批判因素,隐含地谴责环境污染、种族贫困和社会不公等现象。蓝天已经不复存在,取而代之的是由于汽车尾气污染等现象而产生的黑色天空。行为反常、贫困潦倒、激动不已的孩子们穿梭在汽车拥挤的街道上。黑色的天空笼罩着人们的生活。不论是穷人还是富人,每个人都呼吸着同样的肮脏空气。在自然环境面前,人没有高低贵贱之分。不管人有多么优雅和高贵,都逃脱不了污染给人带来的危害。最后一句话“这是一个自由的世界”是一种讽刺。什么样的世界可以被定义为自由?难道黑色的污垢可以自由四处飘落的世界是自由的吗?当然不是。这

---

① 里拉尔.“新小说”与社会[C]//柳鸣九.新小说派研究.北京:中国社会科学出版社,1986:401.

② 王晗.“行尸走肉”和“提拉木偶”——从《白雪公主后传》看 20 世纪 60 年代美国人的生存真相[J].美与时代(下),2015(7):106.

③ 巴塞尔姆.白雪公主后传[M].周荣胜,王柏华,译.哈尔滨:哈尔滨出版社,1994:17.

种所谓的自由世界是对自然生态环境和人类安全充满自由威胁的一个世界。

同时大量垃圾的出现,说明了经济模式不是从需求来满足人们生活的必需品,而仅仅是为了消费而生产,结果有钱的人过度消费,过着奢侈的生活,而弱势群体的基本生活需求都得不到满足。这是对人类劳动和可持续发展经济模式的贬低,同时诱发了各种各样的伦理道德问题和社会阶级矛盾。可见,后现代主义作家能把垃圾现象运用到社会语境中,去批判不合理的经济制度导致的社会不公和贫富差距问题。在这种意义上,小说文本中的"垃圾元素"描述本身就成为一种强烈抨击等级社会结构的文学手段。

另外,垃圾现象还成为反消费主义和反技术浪费的有效方式。后现代社会经济科技的发展提升了人们的生活品质,但同时也引起了过度消费的贪欲膨胀;在被消费主义要挟和被垃圾主宰的影响下,人逐渐失去本真,变得堕落不堪。如《白雪公主后传》中写道:"你们大概熟知这一事实吧,那就是在这个国家,垃圾人均产量已从1920年的每日2.75磅上升到1965年的每日4.5磅,1965年是我们所知数据的最后一年。它正以大约每年4%的比例增长。如今这个比例很可能有所上升,因为它一直在上升,我敢打赌,我们用不了多久就会达到100%这一点。"①

这不仅揭露了人们过度消费所造成的日益增长的垃圾,同时还抨击了科技发展给人们生活带来的负面影响,警告人们重视科技给人类造成的危害。技术带来的问题之一就是产生了大量的无用垃圾。由于大量的、追求时新的生产,被取代的旧商品不再使用,大多旧的或者使用过的物品被当作垃圾扔掉。在消费者市场,这是很正常的、很好的一件事情,说明人们的生活品质在不断提升。但对于自然环境来说,这无疑是巨大压力。如何处理繁多的垃圾已经变成了越来越迫切要解决的问题。由此可以看出巴塞尔姆运用一系列数据揭示了这一问题。显而易见,人们应该关注这一问题的解决。但是对于人类社会应该如何做,书中却从来没有给出任何建议。他仅仅提出这一问题,拒绝解释,让读者自己进行意义的探究。巴塞尔姆认为,产生这一问题的原因就是产品的质量。如果人们能够重视产品的质量,那么垃圾被随意丢弃的问题就不那么引人注意,也就不会造成资源浪费和技术垃圾的产生。

因此,在高度发展的后现代工业社会中,垃圾不仅可以变成表现文化和历史的语言符号,还成为人类生活的伙伴甚至是主宰者;垃圾成为社会中的本体性存在,充分映射了个人存在的功能和作用。同时垃圾所揭示的商品社会中的资源浪费和贫富分化现象也让人们认识到:人类产生垃圾,同时又被垃圾包围和控制。这使得人们不得不

① 巴塞尔姆.白雪公主后传[M].虞建华,译.上海:上海译文出版社,2005:80.

做出反思:如果不能平衡需求、生产、消费和废弃之间的和谐关系,那人类就有可能沦落为与垃圾为伍的“人渣”。

后现代社会先进的技术发展和信息升级丰富了后现代创作理论和美学范畴,对于像巴塞尔姆这样的作家来说,富裕社会的产物——垃圾,体现了人的主体性、语言的丧失;同时丰富了想象力,开辟了新的自由创作形式。正如后现代小说家托马斯·品钦所说:“在大量的重复和大量的废物中去了解和找到最尖锐的真理碎片。”①因此后现代主义小说中呈现的“垃圾美学”元素既是语言层面的,也是社会层面的。垃圾语言的运用,不仅颠覆了传统语言表达和线性叙事,同时在文本层面还揭示了社会不公现象,具有一定的文化道德救赎品质。美国后现代小说抛弃了成规俗套的叙事手法,在叙述中玩文字游戏,“垃圾语言”的运用赋予了创作丰富多样的可能性,增加了无限的阐述空间,同时也折射出了后现代社会生态环境恶化、人际关系的破裂以及萎靡不振的生活状态。这也是后现代主义小说创作的美学价值所在——垃圾上的美学舞蹈,同时也是社会政治和经济制度的必然产物。

〔张珊,河北传媒学院国际传播学院大学英语教研室讲师,主要研究方向:英美文学、英语教学法〕

① 品钦.万有引力之虹[M].张文宇,黄向荣,译.南京:译林出版社,2009:688.

高教园地

构建高校思政生态课堂刍议

张艳玲

【摘要】课堂是高校思想政治教育工作的主阵地。生态课堂是一个有机的生态整体,会通过组成部分间的物质循环、能量流动以及信息流通,在动态中维持稳定。构建思政生态课堂可促进师生关系重新定位,促使思政课的教学内容得到更加合理的安排,同时还可加快教育目标的实现进程。构建思政生态课堂应厘清教师在课堂中的地位与作用,营造开放、互动、民主的课堂氛围,以实践性引导生态课堂的发展。

【关键词】高校　思政课　生态课堂

一、何为生态课堂

“生态”一词,作为一个科学概念最早出现于 19 世纪 60 年代,《现代汉语词典》中解释为:“指生物在一定的自然环境下生存和发展的状态。”[1]随着生态科学的发展,“生态”一词的内涵发生了扩展,指代生物彼此之间以及它们与环境之间的联系。人们在理解运用“生态”一词时,包含了对和谐共处、平衡发展的期待。

从生态角度来看,课堂是一种由学生、教师、教学内容与方法等多种因子共同构成的教学组织形式。这些因子之间相互依存、相互影响,因此有学者将生态课堂定义为:“从生态学的视角去关注课堂中的每一个元素,重构教育理念、师生关系、实践范式,并以此为基点建构出来的充满活力、迸发激情以及提升自身价值的新型课堂。”[2]生态课堂是协调课堂教学的各方面要素,让课堂实现生态平衡,从而达到师生和谐相处、共同发展的境界。[3] 高校思想政治理论课是一种教育实践活动,它是学生这一生命主体在高校这一特定生态环境中的生态发展过程,着重于与思想政治理论教育相关的人、

① 中国社会科学院语言研究所词典编辑室. 现代汉语词典:6 版[M]. 北京:商务印书馆,2012:1163.
② 刘应君. 高职思政课堂生态化设计的论域、反思与前瞻[J]. 湖南广播电视大学学报,2016(6):82.
③ 冯如希. 广润教育 课堂生态教学论[M]. 上海:上海社会科学院出版社, 2008:89.

人和有关环境的关系，各个要素之间相互联系、相互作用，形成一定的有序结构，并追求和谐平衡发展。从这个意义上讲，高校思政理论课堂具有生态性，需要不断地通过课堂组成部分之间的能量、物质、信息的交换，促进各种要素和谐发展，并最终实现高校思想政治理论课的教学目的。

二、构建高校思想政治理论课生态课堂的优势

2019 年 3 月 18 日，习近平主持召开学校思想政治理论课教师座谈会时指出："思政课作用不可替代，思想政治理论课是落实立德树人根本任务的关键课程……把思政课办得越来越好，是时代赋予我们的光荣责任。"①高校思想政治教育担负着武装人、引导人、塑造人、鼓舞人的重要职责，这是塑造大学生精神世界的主要工作方式。其根本任务是以理想信念教育为核心，围绕爱国主义教育这一重点，在思想道德建设的基础上，通过理论指引与实践结合，从而实现大学生的全面和谐发展。从各国发展现状来看，思想政治教育注重培育社会成员的政治认同、身份认同和信仰认同，其核心是实现特定意识形态的社会化。而实现高校思政教育目标，是一项全方位的系统工程，其中，课堂教育所处位置尤为重要。

从古代的"杏坛"到当代的教室，课堂一直是师生共同成长的主要场所，是思想政治教育的主阵地。在思想政治理论课堂上，教师可以集中宣传党的政策主张，引导学生以科学的视角看待社会，促进学生思想的发展。思想政治理论课是全国高校的必修课程，但从目前来看，思想政治理论课往往存在课堂气氛沉闷、对学生没有吸引力，非思政专业的学生认为课程与自己的关系不大、主观上不重视等问题。构建思政生态课堂有利于改变现有的教学困境，提升思政课的实效性。

（一）构建思政生态课堂可转换传统的师生关系

在传统教育观念中，师生关系被定义为"单一主体"或者"双重主体"，更体现为教师对学生的霸权与控制。而在生态课堂中引入了"主体间性"这一新的概念，即强调教师与学生在能动交往中协同发展，并展开有效的信息、情感等方面的交流。生态课堂理念认为，教师以多样化的方式、丰富的情感把教育信息传递给学生，不但可以促使学生知识与能力的发展，而且可以让学生受到平等理念、创新精神的熏陶。教师与学生的互动交流与反馈，将有助于对教学计划安排产生积极的影响，促进师生共同发展。

① 把思政课办得越来越好[N]. 人民日报，2019-03-19.

生态课堂能表现出对个体个性的尊重与鼓励,这与生态理念中尊重生命的多样性和促进生命共生性的要求是一致的。① 在师生共同发展中,学生将逐渐摆脱思政课"于我无用"观点的不良影响,产生浓厚的学习兴趣。

(二)构建生态课堂可促使教育内容得到更加合理的安排

在生态课堂中,各主体之间能进行有效的信息互递或互换,而这些信息即通常所谓的教学内容。首先,生态课堂中,互相交换与传递的教学内容要求是健康的、积极向上的,构建生态课堂,将促进教师对教学内容的认真筛选。其次,生态课堂强调各主体之间教学内容交流传递途径的顺畅性,主张思想政治教育不能将知识完全客观化,即将教学内容单纯地作为某种客观事实要求学生接受,而力求将教学内容变成学生认可并主动接纳的思想认知,并促使其转化为学生的行为习惯。这一理念有利于防止和消除学生往往因被"强迫"而产生抵触情绪,提高信息交换的效率。最后,思想政治生态课堂强调实现学生的全面发展,主张在教学内容的选择与安排上注重学生的能力培养与提高,如培养学生明辨是非善恶的能力、解决问题的能力,这对学生一生的发展都将产生重大影响。

(三)构建生态课堂可加速思政教育目标的实现

高校思想政治教育是运用一定的思想观念、政治观点,对学生施加有目的、有计划、有组织的影响,使其形成与社会发展相符合的思想认知。同时,在特定的社会条件下,在思想道德发展的基础上,实现学生的全面发展。在生态课堂中,教师和学生是这一生态环境中最重要的两个相互作用的因子,每个人又都处在与他人的相互关系中,但每个人都与其他人相互区别。因此,生态课堂强调教师必须具备坚定的政治立场、敏锐的政治思维,以自己的实际行动对学生施加积极影响。同时,教师应正视学生的多样性、差别性,关注学生的主体意识,既重视基本知识的传授,又培养学生浓厚的探求兴趣,唤醒学生自我发展的内在动力,满足学生所追求的个性、知识、品德的发展要求,加速思政教育目标的实现。

---

① 张艳玲.高校思想政治教育生态系统建设研究[M].北京:现代出版社,2017:94.

三、构建高校思想政治理论课生态课堂的几点建议

(一)厘清教师在生态课堂中的地位与作用

在传统思政课堂中,教师属于绝对权威,学生作为教师机械讲授的对象,处于被控制的地位。这种课堂关系必然抹杀学生的个性,使教学偏离学生成长的需求,无法体现思政课的价值。

构建高校思政生态课堂应使教师与学生回归到自然生态中的平等地位。教学活动不是简单的信息输入与输出,不是教师滔滔不绝地讲、学生俯首帖耳地听,不是教师思考、学生被思考。在生态课堂中,教师不应是有绝对权威的领导者,而应是教学活动的设计者和组织者,与受教育者具有平等的人格。为此,高校思想政治理论课教师应重视树立以下两个观念。

第一,要树立人人平等的生态观念。生态课堂的构建就是要求实现师生之间的地位平等,教师不应将自己凌驾于学生之上,同时教师亦应平等地对待每一个受教育者,正视受教育者的个体差异性。教师应根据受教育者身心发展的不同水平、不同的性格特点和内在需求,给予每一个学生人文关怀。教师只有在深入了解思想政治教育生态客体差异性的基础上,才能做到有的放矢,更好地为他们不同的成长与发展需要提供建设性的意见与建议。

第二,树立相互促进、共同学习的观念。"青出于蓝而胜于蓝"是教育事业发展的规律,是人类社会不断进步和发展的必然趋势。在知识飞速发展的时代,教师在某些领域存在知识的盲点是很正常的事情,韩愈的《师说》中说:"弟子不必不如师,师不必贤于弟子,闻道有先后,术业有专攻,如是而已。"当出现学生对某些知识的看法独到,与教师的讲授相左,甚至比教师高明的情况,教师要解放思想,虚心向学生学习,体现出教师与学生是平等课堂成员的理念。这必然有助于增进二者之间的深入交流,也有助于激发学生进一步探索知识的兴趣。

(二)营造开放、互动、民主的课堂气氛

在高校思政理论课教学实践中,一些教师常采取灌输式教学方法,不考虑学生的感受,单方面对学生实施思政理论知识的教育。这种教学模式必然导致课堂气氛沉闷、学生昏昏欲睡,无法使学生与教师、与教师所灌输的思政理论产生共鸣,思政教学流于形式。

开放是生态系统的特点。英国著名哲学家和教育理论家艾尔弗雷德·诺思·怀特海(Alfred North Whitehead)认为,生命体越是放眼前瞻,就越需要外界组织和实践。而高校思政生态课堂作为高校思政课堂生态系统最理想化的呈现状态,也必须通过广泛的、普遍的信息交流,使教师与学生都有机会改变其知识结构、技能和观点态度。在高校思政生态课堂中,教与学是一个互动的过程,“教学相长”是生态课堂的本质要求。师生之间、生生之间互惠互利,才是可持续发展理念的体现。在思政生态课堂的构建中,教学不应局限于教材本身,更要与社会发展紧密联系在一起。当下,网络的发展、信息技术的普及为生态课堂的开放性动态发展提供了技术基础,为师生进行更深入的信息交流创造了前提。尤其是移动互联网的发展,使得各种信息可以很便捷地进入学生的视野,有利于学生自主学习。有学者曾说:课堂教学缺乏生机的根本原因是精神的匮乏,呆板僵硬;教学互动的本质是学生灵府的开启,是智慧的唤醒,是学生认知力的提升。[①] 在开放的生态课堂中,各种观点都应可以自由地表达和交流。通过各种观点的碰撞、思想的交锋,在宽松、民主的思政教育氛围中,大学生的求知欲与好奇心被激发出来。在这个过程中,教师应重视帮助学生对各种信息展开鉴别与筛选,以免学生受到不良思想的侵袭,从而背离思想政治教育的初衷。

(三)以实践性引导生态课堂发展

思想政治教育的过程,就是教师与学生、学生与学生的交往过程。交往本身即实践。马克思主义理论认为,作为社会的人,其发展是离不开实践活动的。思想政治教育通过提高人的思想政治素质来推动人的内在发展,继而促进人的全面发展,同样离不开实践这一中心环节。宋代著名理学家、哲学家、教育家朱熹说过:“论先后,知为先;论轻重,行为重”(《朱子语类》卷九)。中共中央、国务院在 2004 年 10 月 15 日下发的《关于进一步加强和改进大学生思想政治教育的根本原则》中指出:“理论教育和实践教育相结合是大学生思想政治教育的根本原则。”目前,高校学生的思政课学习过程中存在着“两张皮”现象,即知与行脱钩。高校思政生态课堂的构建,突出实践性要求,就是要改变这种“两张皮”现象。其一,引导学生积极参与课堂,将思政课堂作为实践的重要场所。如在课堂教学中创设问题情境,课堂内开展专题讨论,布置选题引导学生分组收集资料展开研究并分享收获。特别应注重针对当前大家关注的社会焦点问题,组织学生运用所学到的思政理论进行思辨讨论,促使学生把理论与社会现实充分地结合起来思考,既使学生的主体性得到充分体现和发挥,也有效地拓展了学

---

① 王庆杰.大学的那些事:教育教学生态论[M].北京:线装书局,2014:140.

生的观察、处理社会实践问题的能力。其二,拓展课堂的外延,更多地组织学生参观学习、实地考察、参加社会公益活动,把第二课堂开展得红红火火,使学生将课堂收获的知识信息在实践中强化,将理论与实践进一步结合,不断提高自身的思想政治觉悟与认知能力。

在教师、学生的共同参与下,全面打造"绿色、健康、和谐、多元共生、可持续发展"的生态课堂,方可真正体现思想政治理论课武装人、引导人、塑造人、鼓舞人的重大意义。

〔张艳玲,河北传媒学院马克思主义学院副教授,主要研究方向:马克思主义理论与思想政治教育〕

大学英语教学中交际策略能力的培养

贾存爱 潘建虎 苏银娜

【摘要】大学生英语交际策略能力成为衡量高等院校英语教学质量的标尺之一。在高校教学中,对交际策略能力的培养常常被教师和学生所忽视,导致学生的交际策略能力发展不足。要培养学生运用各种交际策略的意识,提高学生的交际能力,需要从以下两点着手:一是教师对学生进行成就策略知识教学,加强学生跨文化交际意识的培养;二是针对学生的不同特点采用不同的教学策略,注重运用以学生为中心的"主题式教学模式"培养学生的交际策略能力。

【关键词】大学英语 交际策略能力 跨文化交际意识 主题式教学

大学英语的教学目标是培养学生英语综合应用能力,特别是学生的交际能力,使他们在今后的工作和社会交往中,能用英语有效地开展口头和书面的信息交流,以适应我国经济发展和国际交流的需要。2019 年 4 月 29 日,教育部"六卓越一拔尖"计划 2.0 启动大会在天津召开,大会的议题是"掀起高教质量革命,助力打造质量中国"。教育部部长陈宝生作了重要讲话。他指出,新文科建设任务侧重提升国家文化软实力和中华文化影响力。① 文化传播,语言先行。语言是人类最重要的交际工具,是人们进行沟通的主要表达方式,人们借助语言保存和传递人类文明的成果。现今,世界上有 45 个国家的官方语言是英语,全世界有三分之一的人口说英语。因此,大学生英语交际策略能力成为衡量高等院校英语教学质量的标尺之一。

一、交际策略能力

学习一种语言,就是要学会如何用它去交际,从而实现特定的交际意图;而教授一

① "六卓越一拔尖"计划 2.0 启动大会在天津召开[EB/OL].(2019-05-08)[2020-09-30]. https://www.sohu.com/a/312716301_479449.

种语言，则是培养学习者运用这种语言的能力，使他们掌握实现特定交际目的的方法。

目前，我国外语教学中得到大家公认的观念，是认为语言教学的最终目的是培养学习者运用语言的交际能力。“交际能力”这一概念首先由美国社会语言学家戴尔·海姆斯（Dell Hymes）在1972年发表的《论交际能力》一文中提出。他认为交际能力由以下四个参数组成：（1）语法性，某种说法是否（以及在多大程度上）形式上可能；（2）适合性，某种说法是否（以及在多大程度上）可行；（3）得体性，某种说法是否（以及在多大程度上）得体；（4）现实性，某种说法是否（以及在多大程度上）实际出现。在海姆斯看来，一个人的交际能力不仅应包括语法知识和语言能力，而且还应包括心理（可行）、社会文化（得体）和使用概率（实际出现）等方面在内的 种判断能力。尔后的研究者又对其构成因素进行了深入研究，提出了几种交际能力的组成模式，其中影响较大的是卡内尔和斯魏恩（Canale & Swain，1980）的交际能力构建模式。卡内尔和斯魏恩认为，交际能力指的是人们在实际交际活动中，运用语言知识和技能的能力，其中主要包括四个方面的能力：（1）语法能力，包括对语音、词汇、语法等语言知识的掌握；（2）社会语言能力，包括在不同的社会环境中对形式与内容都能恰如其分进行理解和表达的语言能力；（3）语篇能力，包括把语言形式和内容恰当结合的能力；（4）策略能力，包括在具体的语言交际中将语言知识运用于交际目的的能力。① 这四种能力是不可分割的有机整体，它们的有机结合才能构成完整的交际能力。四种能力中的策略能力是一种很重要的语用能力。它包括学习者为成功传递信息和理解信息而运用的各种技能技巧，以及为克服交际过程中出现的各种障碍而采取各种策略的能力（见表1）。第二语言学习者，因其语言程度受限，在交际过程中不可避免地会遇到一些障碍，为了保持交际渠道的畅通和信息的成功传递，学习者通常会采取一些言语或非言语的策略，从而达到交际的目的。

表1 交际策略

策略类型	策略描述	策略示例
减缩策略 （reduction strategy）	回避某一语言形式或话题，放弃或替换某一话题	He made me to do it. → He asked me to do it.
成就策略 （achievement strategy）	为了保持谈话的话题，冒险地扩充谈话资源	How do you call it?
母语策略 （L1-based strategy）	进行语码转换或翻译为母语	We drink some mizhou for breakfast.

① 王艳.在口语教学中培养学生的语言策略能力［J］.外语界，2001（1）：41.

续表

策略类型	策略描述	策略示例
外语策略 (L2-based strategy)	运用释义、近义词替代、举例说明或创造新词等方法	He cleaned the house with a … it sucks with air.
非语言策略 (non-linguistic strategy)	运用各种手势、动作模仿、脸部表情等非言语手段	It's this big. (用手比画其大小)
求助策略 (co-operative strategy)	直接或间接向对方寻求帮助从而共同解决问题	What's this?

二、交际策略能力培养在英语教学中的地位

美国心理语言学教授费尔克和卡斯帕(Faerch & Kasper,1986)的研究早已表明,帮助学习者正确认识交际策略的性质、作用和交际潜能,能够增强学习者在这方面的无交际意识,能够促进学习者积极正确地运用各种交际策略,是发展学生交际策略能力的一个重要方面。在我国,许多学者也曾指出交际策略能力的培养应成为英语教学中不可缺少的一部分。①② 但在实际教学中,因受“应试教育”思想的影响,教师往往只重视学生的英语读、听与写作能力,交际策略能力的培养常常被教师和学生所忽视,甚至还有人错误地认为,策略能力是按母语的习惯在交际过程中自然形成的,无须有意识地培养。

在行为主义语言习得理论研究中,语言被看作是一种习惯,学习外语意味着学习一套新习惯。在学习新习惯的过程中,旧的习惯(母语知识)必然会对新的习惯(目的语知识)的学习产生影响。这是因为在外语学习过程中,从母语中与目标语不同的句子结构、语体风格、交际环境,到伦理道德、文学艺术、社会面貌、生活习惯,等等,造成一些失误和交际的不得体,也就是指学习者在实施言语行为时,因为对目的语文化缺乏了解而按母语的文化习惯进行交际,从而产生不符合目标语文化习惯的言语行为。③ 为了避免母语对第二外语习得的负面影响,策略能力必须要有意识地培养。

高海虹在对交际策略能力的研究中发现,中国学生对各种交际策略的认同程度和

---

① 刘海量,于万锁. 交际能力与口语教学[J]. 外语与外语教学,1998(8):47.

② 张敬源,佘名叔. 论大学英语教学中发展口语交际能力的可能性[J]. 外语与外语教学,1999(1):25.

③ 马欣燕. 从语言与思维的关系探析母语在二语习得过程中的影响[J]. 科技经济市场,2007(7):140.

使用频率确实存在着显著差异。[①] 语言程度高的往往为实现交际意图而努力克服交际中的障碍,多使用成就策略;语言程度低的则因语言能力受限而往往对交际中的困难退避三舍,多使用减缩策略。通过使用成就策略,学生可以认识到自身语言知识系统中的薄弱环节,从而促进有关知识的有效习得;而使用成就策略观念较弱的学生则往往不能通过成就策略来促进外语知识的习得。另外,我国目前的英语教学较注重阅读的重要性并强调口语表达的准确性,而且课外缺乏良好的英语交际环境,使得学生练习口语时因为缺乏兴趣或机会减少而导致学生的交际策略能力发展不足,普遍不能熟练有效地运用各种策略去完成交际任务。

根据我国当前英语教学改革的现状及我国学生学习英语的特点,笔者认为,在英语教学中应当注重对学生交际能力的培养,注重交际的流畅性并逐步提高在准确性方面的要求,开发以学生为中心的教学活动,培养学生运用各种交际策略的意识,从而提高学生的交际能力。

三、英语教学中培养学生交际策略能力的主要举措

(一)引导学生合理科学运用交际策略类型

因为影响学习者运用交际策略的因素有很多,如语言程度、问题来源、学习者的性格、学习环境和任务活动等,所以教师在教学中应当综合考虑这些因素,尤其应重视提高学生对成就策略的认同程度。对于那些语言程度较低、性格内向的学生,应当鼓励其多开口,不要过分强调语言表达的准确性,从而帮助他们克服紧张畏难情绪,达到大胆开口说英语的目的。而对于那些语言程度较高、性格外向的学生,则要求他们能自觉地创造外语交际环境,在运用各种交际策略的过程中不断认识到自己的薄弱环节并逐步加以改善。须注意帮助学生认识减缩策略的利弊,它的运用能够保持交际渠道的畅通,增加语言输入,这是其有利的一面;但过分依赖减缩策略则会抑制成就策略的使用,从而不利于外语知识的习得。国内外相关成就策略的研究表明,成就策略是一种比较积极、主动的策略。它的运用更容易促进交流的顺畅和保证交际的成功,而且成就策略被认为是最为科学、最能促进交际进行的有效策略。

因此,在日常教学中,教师有必要对学生进行成就策略知识的教学,强调交际中运用成就策略的重要性,提高学生对成就策略的认知程度;同时,结合教学内容,设计教

---

① 高海虹.交际策略能力研究报告——观念与运用[J].外语教学与研究,2000(1):53.

学活动环节以训练学生使用成就策略,有意识地培养学生运用成就策略的能力及习惯;另外,教师在教授语言能力的同时,应加强对学生跨文化交际意识的培养和有关文化背景知识的讲解,从而更有利于学生有效地运用包括语言和非语言手段在内的一切交际策略来达到交际目的。

(二)针对学生的不同特点采用不同的教学策略

新时期大学生呈现出许多新特点,教师应该根据学生的学情、心性、习惯等灵活运用策略,实施有效教学。

1. 正确发挥学生和教师的作用

在教学活动中,教师应采用以学生为中心的"主题式教学模式",以培养学生的策略能力。主题式教学(Thematic teaching)是指以内容为载体、以文本的内涵为主体所进行的一种语言教学活动①。它的中心是让学生在良好的、具有高动机的环境中展开语言学习。围绕有意义的主题进行教学,可以加速学生对新内容的内化及长期记忆。强调语言在实际生活中的应用,主张语言教学情景化、生活化;把语言放到有意义的主题中去学习,把语言教学和"内容"教学结合起来。

以学生为中心的主题式教学模式要求赋予学生多重角色。他们既是活动的参与者,同时也是观察者和评价者。在参与交际活动并实现交际目的的过程中,学生通过自身的参与,可以观察和体验到自己及他人在解决交际困难时所运用的策略,并对不同策略所达到的效果进行评价。通过这些活动,学生可以深切体会和观察到各种交际策略的运用及其效果,不断总结出有利于成功交际的各种策略。

教师在此过程中应该是教学活动的组织者和协调者。课前要结合教学实践和教材,设计有利于发挥学生能动性和创造性的交际活动。课堂上,既要保证交际活动的正常进行,又要防止训练的失控,同时还要善于发现学生交际过程中存在的问题并及时给予指导和解决。课后,要及时对各种问题汇总,不断丰富学生语言输出的形式和方法。在日常课堂教学活动中,教师应不断加大对学生的语言输入,这样可以同时解决他们语言知识和语言手段贫乏的问题,即把语言知识习得和交际策略运用结合起来。教师还应鼓励学生多组织和参与课外交际活动,如英语角、英语沙龙、英语演讲等,使学生有更多机会体验真实的交际情景和交际策略的运用。

2. 利用现代化教学手段,加以恰当的教学方法,将虚拟课堂与真实课堂相结合

随着网络多媒体的发展,现代化教学手段不断翻新,因而教师需要与时俱进,选取

---

① 药蕾. 论主题式教学在课堂中的应用[J]. 新课程(中旬),2018(11):153.

得当的教学方法与手段,虚拟课堂与真实课堂相结合,可以激发学生学习英语的兴趣,提高学生的英语交际能力。笔者认为,最近比较热门的微型教学法模型(Boppps)和产出导向教学法(POA)比较适合培养学生的英语交际能力。

(1)Boppps 教学法模型

Boppps 教学模型是以教育认识论为理论基础,实现了以学生为中心、教师为引导的教师与学生之间全方位参与式的互动教学①。Boppps 教学模型把教学过程分为六部分:第一部分“引入(bridge-in)”,以独特的方式导入,激发学生的好奇心与求知欲;第二部分“目标(Objective)”,开门见山展示所学内容要达到的目标,可以让学生带着明确学习目标进行学习,且学习后利于自我检测;第三部分“预测(pre-assessment)”,设计一些和教学相关的内容,以了解学生对即将要学内容的掌握情况;第四部分“参与式学习(participatory learning)”,让学生动起来,多方位参与教学活动;第五部分“后测(post-assessment)”和第六部分总结(summary),有利于教师及学生了解授课内容是否达到教学目的。教师根据授课内容结合 BOPPPS 教学模型的 6 个阶段,可以设计以下教学活动:展示(presentation)、

主题讲座(theme lecture)、研讨会(workshop)课外实践活动(practice and activity)等。由于这些教学活动属于开放性的模式,能够在很大程度上加强教师与学生及学生与学生之间的互动,使学生充分实现参与式学习,有效地提高学生英语语言的表达能力。Boppps 模式与其他传统的教学模式相比较,更加关注学生参与式学习的环节,强调学生的参与式学习,将 BOPPPS 教学模型引入大学英语教学,革新了传统的教学模式,使教学设计具有创新性、理论性、开放性和实践性,从而增强学生的自主学习能力和研究分析能力,培养学生的交际策略能力。

(2)“产出导向法”理论

“产出导向法”(production-oriented approach,)简称 POA,由三部分组成。第一部分为“教学理念”,是第二部分“教学假设”和第三部分“教学流程”的指导思想,决定着课堂教学的方向和总体目标;第二部分“教学假设”是课堂教学各个环节的理论依据,需要逐个检验;第三部分“教学流程”是实现“教学理念”和检验“教学假设”的载体,同时也是实现 POA 教学目标的步骤和手段。POA 为“学用分离”弊端开出的药方,既有针对性,又有系统性,目的是让学生能够“以用促学”“以学助用”“学以致用”“学有所成”②。

---

① 柏愔.基于“BOPPPS”模型的跨文化交际英语课程设计探索[J].文教资料,2017(26):184.

② 文秋芳.“产出导向法”的中国特色[J].现代外语,2017(05):350.

根据POA理论,教师除了要为学生学习英语提供支持和帮助外,更为重要的是在整个英语教学过程中起主导作用,教师应是英语课堂教学的设计者(designer)、组织者(organizer)、引领者(leader)和指挥者(director)。学生是英语学习活动的主体,教师起着主导作用。在POA理论指导下的英语教学,可以大大增加学生运用英语的机会,有利于提高学生的英语交际能力。

(3)移动学习

2013年的一项关于移动学习可行性的研究报告显示:"绝大部分90后大学生对移动学习持积极支持的态度,移动学习的内容如果是文字、图片、动画、音频方式则更容易为大学生喜爱,移动学习的交流方式如果是双向在线互动的会更便捷,更有利于促进大学生的热情。"

学生的通信工具——手机,已经成为他们生活中不可或缺的一部分,成为他们获取信息资源的重要工具。当今媒体环境下的英语教师应该投其所好,利用学生手中的手机,借助于网络,充分利用网络资源如微信功能,创建虚拟课堂"雨课堂"。"雨课堂"是清华大学和"学堂在线"共同推出的新型智慧教学解决方案。英语教学中开启"雨课堂"授课,学生手机答题、发弹幕、投稿,英语课堂中的手机摇身一变成为积极参与学习的有效手段,有利于提高学生的英语学习兴趣,参与课堂教学互动。此外,教师还可以鼓励学生利用手机软件下载英语学习App,比如"薄荷阅读"。学生可以根据自己拥有的词汇量,选择不同的级别展开听说、阅读训练。学生在听说、阅读之后,还可以听专家讲解外刊内容,这不仅有助于提高学生的听说能力,激发学生的英语学习兴趣,还有助于扩大学生的知识面,增加词汇量及翻译能力,最终有利于提高学生的交际能力。

移动学习以其丰富的网络资源优势为大学生学习英语提供了优质的语言环境。多种语言情境更能激发学生的英语学习兴趣及动力,在交际时不仅可以让学生自主检验学习目标掌握的程度,还能提高学生的应变能力,学会灵活运用各种交际策略。

〔贾存爱,河北传媒学院国际传播学院副教授,主要研究方向:英语语言文学、英语教学;潘建虎,石家庄铁道大学副教授,主要研究方向:英语语言学、翻译;苏银娜,河北传媒学院国际传播学院副教授,主要研究方向:英美翻译〕

以技能培养为导向的西班牙语口译教学改革

解林红　周　萍

【摘要】多数高校的西班牙语专业口译课时为36学时/学期,课时的限制导致西班牙语专业教学陷入两个方面的困境:一方面是口译理论无法展开;另一方面是口译实践训练停留在较浅层次。因此我们建议西班牙语专业口译课时应增加到64学时。西班牙语口译教材的数量和西班牙语专业发展严重失衡,须加强西班牙语的口译教学的理论研究。西班牙语的口译教学应坚持"口译技能训练为主,外语能力提升为辅"的原则。具体来说,应做到:合理分配西班牙语口译理论与实践的教学时间;正确安排西班牙语口译理论与实践的教学内容;重视总结口译实践教学的具体策略,如情景模拟为主的课堂、口译演讲和影视字幕翻译与配音等,鼓励学生积极报名参加口译大赛、配音大赛等,增强社会实践能力,为今后步入社会夯实基础。

【关键词】西班牙语　口译教学　技能培养

外语教学是为社会输送外语人才的重要渠道。高等院校外语教学是为社会培养外语精英的主要途径,而口译教学在外语教学中具有至关重要的作用。口译课与其他外语课程高度关联,它以听力、口语、语法、阅读课程等为基础,辅以笔译、语言国概况及文化、旅游类等课程开展教学,是一门实践性极强的综合性课程。与英语口译课程相比,目前,我国西班牙语口译课的发展尚未形成完整体系。2000年以前,全国仅有12所高校招收西班牙语专业本科生,而2000~2015年这15年间新开设西班牙语专业的高等院校近60所,增加了5倍。[①] 但与此相比较,对于西班牙语教学的理论研究则不尽如人意,有关西班牙语口译教学的研究成果更是稀缺。截至2019年10月20日,笔者在中国知网搜索"西班牙语教学"的文献,显示仅有125条结果;再进一步搜索"西班牙语口译教学"主题,结果更是令人遗憾,仅为10条。这反映了西班牙语口译理论和教学理论研究发展滞缓,从一个侧面暴露出西班牙语口译教学并未得到应有

① 郑书九.全国高等院校西班牙语教育研究[M].北京:外语教学与研究出版社,2015:2.

的重视,与目前蒸蒸日上的西班牙语专业发展形势极不匹配,亟待加强和发展。

一、西班牙语口译教学现状

(一)课程现状

口译课对学生的听说能力要求较高,前期的听力和口语课程是口译课开设的基础。大部分院校口译课程设置在大三至大四年级,通常开设 1 ~2 学期。口译课在西班牙语专业本科培养计划中所占学分较少,多数高校的西班牙语专业口译课时为 36 学时/学期,课时的限制导致西班牙语专业教学陷入两个方面的困境:一方面是口译理论无法展开;另一方面是口译实践训练停留在较浅层次。多数院校西班牙语专业口译课程以主题型教学为主,即在教学中,分不同板块主题,如城市导览、宴请礼仪、商贸展会等,突出专业术语和常用表达的翻译练习,即从单句到段落再到篇章进行练习。从教学效果来看,口译练习中,学生往往出现"卡壳"现象,无法准确完成翻译任务。究其原因,一是学生对所译内容有所遗忘;二是词汇量不够,不知某个词该如何表达。从某种意义上说,口译课的效果与教学培养目标相差甚远。

(二)教材现状

目前,西班牙语口译教程主要有三套,分别是常世儒老师编著的《高级西班牙语口译教程》《西班牙语口译》和陈泉老师编著的《西汉初级口译教程》(上下册,配有音频)。其中,《西班牙语口译》作为多数普通本科院校西班牙语口译课程的主要教材,以城市导览、景点观光、中国文化、外贸展销等为题材。编者充分考虑到当前中外交往中口译工作的需要,突出常用的题材,侧重翻译实践。《西汉初级口译教程》也是一本基于主题编排的教材,多为侧重应用技术培养的民办院校使用;题材方面,虽然也涉及日常生活、宴请招待,但商务、展销展会等外贸内容占据较大篇幅,口译语言难度小于前者。这两本教材都缺少口译技能理论的专题讲解。《高级西班牙语口译教程》中收录了祝辞、论坛、演讲、座谈会及领导人讲话等多种口译形式,内容在《西班牙语口译》涉及的传统题材的基础上,增加了气候环境、全球经济与贸易、世博会与城市发展等热门话题,兼具时代性与多样性,并且辟有口译理论与技巧的专题,但因其难度较高,更多被用作参考教材。

除此之外,市面上很难再找到其他西班牙语口译教材,可以说,西班牙语口译教材的数量和西班牙语专业发展严重失衡,且高校所用教材基本都以题材为主,涉及专业口译技能训练理论的书籍少之又少。西班牙语口译教材的匮乏给口译课程任课教师和学生学习造成极大不便，阻碍了口译课程教学的开展。

(三)地域差别影响

学科的发展和地域有很大关系，一个地区的学科发展与经济发展水平高度相关。不同于江、浙、沪，北、上、广，整体而言，河北地区相对闭塞，经济偏重“内向型”，外资外贸企业、跨国公司较少，与西班牙语相关的岗位微乎其微，且集中在高校和小微型外贸公司。截至目前，河北仅有4所开设西班牙语专业的本科院校①，以及设西班牙语相关岗位的外贸企业30余家②。这对西班牙语专业的学生实习造成很大困难，河北地区的西班牙语专业学生很难像以上地区的西班牙语专业学生那样有较多实习实践的机会。实践、就业岗位的稀缺使得西班牙语教学口译训练缺乏真刀实枪运用的机会，大多局限于理论层次，这种语言环境导致学生的学习动机弱化，制约了学生的口译积极性及水平的提高。

二、西班牙语口译课的定位

目前，我国口译界在本科口译课程教学性质的定位上存在较大争论，主要有两种不同的观点：一种观点认为本科口译教学属于翻译教学；另一种观点认为本科口译教学属于教学翻译。

我国翻译教学的代表人物刘和平、仲伟合和蔡小红等持第一种观点，主张口译教学是翻译教学的一部分，与语言教学存在本质差别，语言教学主要培养学生的外语交流交际能力；而口译教学则是在学生拥有一定语言技能的基础上进行的口译技能培训，侧重语言口头转换技能。因此他们强调“技能化口译教学”，倡导“授人以鱼，不如授人以渔”。

而杨承淑、穆雷、鲍川运和张吉良等学者则主张本科口译教学属于教学翻译。他们认为，外语专业的本科学生生源复杂、课时较少，多数学生的外语水平远达不到交替传译的要求，因此，本科阶段的口译教学应定位为“教学翻译”，即口译课程是外语语言应用能力提升的一门课程，应更注重学生的外语水平，而非口译技巧③。

以上两种截然不同的观点主要是针对英语学习提出的，目前，尚未有成熟且较为

① 这四所院校分别为河北师范大学、河北外国语学院、河北传媒学院和河北科技师范学院。

② 数据来源于2020年1月21日对智联招聘网(https://www.zhaopin.com/)在河北11市招聘西班牙语翻译的综合统计。

③ 徐翰.本科英语专业技能化口译教学的实证研究[D].上海：上海外国语大学，2010：100-101.

一致的西班牙语口译课程教学的性质定位,课程教学性质定位的不同势必对教学目标、教学内容、教学方式产生影响,西班牙语口译教学正处在“各自为纲”的阶段。

结合口译教学经验和参考以上众多口译学者的观点,笔者认为,西班牙语的口译教学应坚持“口译技能训练为主,外语能力提升为辅”的原则。学生语言水平、课时数量、教师水平等因素的确会对口译教学效果产生一定影响,但不能决定口译教学的本质。北京语言文化大学刘和平博士强调,口译的性质是跨文化交际活动,口译的信息处理是一种思维转换过程。① 因此,口译教学的性质应由口译的性质、特点和思维规律决定。法国著名口译研究专家丹尼尔·吉尔(Daniel Gile)教授指出,以语言教学为导向虽然可以扩大学生的词汇量,使学生更了解一些专业术语知识和语言使用原则,但是这种教学方法最主要的缺陷是导致学生误以为口译就是一种语言能力的展示,因此他们会把主要精力放在语言知识的提高上,而忽视了口译技能方法的掌握,从而出现本末倒置的情况。② 而学生本可以通过其他课程习得外语语言和文化常识,在口译课堂上过度训练语言技能,无疑背离了口译课程原本应有的使命,迫使口译技能技巧无从传授。翻译是要捕捉话语的意思,并在译入语中用具有创造性的等值语句来表达这些意思。这是个方法问题,学生应当学会这种方法,教师应当向学生传授这种方法。③

因此,口译教学更应注重“口译技能训练”,语言能力提升是在技能的培养过程中产生的自然附加效果。口译技能训练需要以语言材料作为基础,必然涉及大量词汇、术语和跨文化知识。脱离了“口译技能训练为核心”的导向,口译课堂会产生形聚神散的后果。

三、以实践为主的西班牙语口译教学具体策略

(一)合理分配西班牙语口译理论与实践的教学时间

设置口译课程学时与教学内容时,首先涉及的问题就是口译理论与实践配比关系。根据教育心理学技能形成理论,练习是学习者对学习任务的重复接触或重复反

① 刘和平. 口译理论与教学[M]. 北京:中国对外翻译出版公司,2005:14.

② GILE D. Basic concepts and models for interpreter and translator training [M]. Amsterdam: John Benjamins, 1995. 转引自徐翰. 本科英语专业技能化口译教学的实证研究[D]. 上海:上海外国语大学,2010.

③ 赛莱斯科维奇. 口译训练指南[M]. 闫素伟,译. 北京:中国对外翻译出版公司,2007. 转引自徐翰. 本科英语专业技能化口译教学的实证研究[D]. 上海:上海外国语大学,2010.

应，是形成心智技能和操作技能的关键环节，是学生的心智技能和动作技能形成的基本途径。口译过程包括信息输入、分析记忆、语言转化生成及语言输出。短时记忆功能体现在输入和输出的时间间隔上，并且需要译者依靠认知控制能力来操控两种不同的语言。职业译者通常有良好的工作记忆和短时记忆能力①，而学生良好的工作记忆和短时记忆能力的形成需要经过反复的训练，对于西班牙语专业的学生来说，具体的口译练习过程实际上也是他们双语操控能力训练的过程，是逐步形成心智技能的关键过程。翻译能力习得过程及评估专项研究小组（PACTE Group）②的研究将翻译能力分解为六大要素：双语交际能力、语言外能力、转换能力、职业能力、心理生理能力和决策能力。其中，双语交际能力、转换能力、心理生理能力和决策能力更依赖于实战训练。翻译能力的提升，需要通过课堂理论教学和大量口译实战训练完成，并且需要科学分配口译理论与口译实践的教学时间。

课堂角色应该是“教师主导，学生主体”。鉴于口译课程的高度实践性，结合反复教学试验结果，笔者主张口译实践应占课堂的绝对比例，设置在总学时的70%～80%较为合理。以笔者所在院校为例，口译课程每个学期32学时，共64学时（由于口译考试占据每个学期的最后两个课时，实际教学学时为60），因此应设置42～48个实践学时，剩余12～18个为理论学时。同时，应该科学分配教师的理论讲解和学生口译练习的时间，科学安排时间有助于培养练习者突破有意注意，较快进入无意注意的阶段。只有安排足够的口译练习时间，学生经过多次练习之后，才能够形成自动化的技能。口译理论与实践的时间配比约为2∶7较为合理，且理论学时应分布在每一堂口译课中。以90分钟的课堂为例，其中，20分钟为理论讲解时间，剩余70分钟则应由任课教师结合题材组织学生开展口译技能实践活动，并开展技能运用练习。理论讲解时间可根据所授具体技能的难度相应做出调整，但为了避免挤压练习时间，教师讲解时间绝不应超过30分钟。这样的时间分配既有利于学生充分理解口译技能理论，又有利于他们有效地学以致用，在提高西班牙语综合能力的同时，口译技能也得以提升。

（二）正确安排西班牙语口译理论与实践的教学内容

西班牙语口译理论部分一般涉及内容为口译发展历史、定义、口译特点和标准、口

① 隋丹妮，刘洪娇，刘胜男，沈志贤．口译过程中认知技能与语言能力的作用［J］．沈阳大学学报，2017，19（2）：179．

② PACTE－Procés d'Adquisició de la Competència Traductora i Avaluació，英文全称为 Process in the Acquisition of Translation Competence and Evaluation。该研究小组成立于1997年10月，主要从事译者翻译能力习得研究，其主要负责人和成员均为西班牙巴塞罗那自治大学翻译系专业译者或从事翻译教学的学者。

译与笔译的区别、口译员应具备的素质、瞬时记忆和口译笔记训练、口译中的跨文化翻译等。由于口译课程的学时限制,教师在理论教学部分必须分清主次矛盾,讲授口译理论最核心、最实用的内容,重点集中在口译的听辨训练、口译记忆、口译笔记、口译的转换与表达这四大项的理论知识上。

在口译教学训练过程中,遗忘是多数学生最容易出现的困扰。因此,必须重点开展即听辨训练、口译短时记忆、口译笔记训练。另外,学生在情景模拟过程中,如果模拟内容和教材相似,往往会把灵活的翻译变成了背诵式机械表达。口译实践内容可结合教材分主题进行演练,可分为礼宾礼仪、商务访问、会务会展、休闲娱乐、日常生活板块等,各院校应根据自身的特点选择适合的主题。资质较高的院校可将外事外交和商贸展会等作为练习的重点,而生源质量欠佳的院校,由于学生就业多为商贸领域,商贸展会和城市导览等可作为重点主题。

西班牙语理论和实践教学内容不是相互割裂的,而是相辅相成的,因此,在每堂课前,教师必须做好教学设计,将口译理论与实践主题有机结合地展开教学训练。

(三)重视总结口译实践教学的具体策略

在西班牙语教学界,目前,西汉口译理论指导少之又少,尚未有教材或专著涉及具体策略、实施步骤。大部分西班牙语口译任教老师在教学工作中积累经验、摸索方法时,往往是借鉴汉英口译理论方法,如英语口译记忆技巧理论中的视觉化记忆法、信息组块法、语义记忆法、大脑重复法、影子跟读训练等。笔者借鉴这些理论,结合自身的西班牙语口译教学经验,在教学中摸索和总结了若干增强学生学习主体的认同感,保证学生对教学活动高度参与的具体策略。

1. 情景模拟为主的课堂

情景模拟是最具动态感、真实感的一种教学手段,在西班牙语口译教学中是弥补不利语言地缘环境的有效方式。课堂上,教师是活动的组织者和引导者,是课堂的主导;学生是活动的实施者和参与者,是课堂的主体。情景模拟要结合西班牙语口译教材进行主题设置,将学生分为若干小组实施模拟。可根据具体情景,设置 2 ~ 5 人为一组。2 人组通常适用于会议口译、演讲、讲座相关活动情景的模拟;3 人组的角色分配,通常 1 人扮演中国人,1 人扮演西班牙语母语人士,1 人扮演译员;4 人组则设置两名译员,分别为中国人和西班牙语母语人士担任翻译。情景模拟演示的小组为演示小组,其余小组为旁观小组。通常情况下,参与小组可为 1 ~ 3 组,具体数目须依照情景长度和学生表现进行设置。以“宴请招待”主题为例,将师生活动任务和教学环节展示如下(见表1)。

表1 情景模拟课堂角色任务分配表

教学环节	教　师	学　生
主题设定	设定主题:宴请招待 布置活动内容细节并提出要求	
活动前准备	引导学生分组;流动查看学生准备情况并提供原则指导	按要求结组;确定各自角色身份,设置宴请目的、流程、告别措辞等细节
口译展示与实操	旁观做记录;解决临场困难	演示小组展示预设内容,并灵活应对突发情况;旁观小组观察记录,为后续评价做准备
评价	组织旁观小组展开评价	旁观小组评价(以译员语言和翻译能力、跨文化能力、情景衔接等为主要评价内容),以纠错为主
	教师对旁观小组评价作出评价(以鼓励性评价为主)	
总结与反思	综合分析情景模拟分组情况、口译演示以及旁观小组的评价情况,归纳重点教学内容,重温课堂涉及的重点词汇、句型、跨文化知识等,反思模拟中存在的问题,得出结论性观点	

采取情景模拟教学策略,学生的思维和语言的灵活性容易被激活,是促使学生从死记硬背课本内容到活学活用转变的有效途径。情景模拟中教师能够有效发现和纠正学生的许多口语错误,尤其是日常用语错译问题。①

2. 演讲

演讲的教学形式,有利于促进学生口语表达和心理素质的有机结合,对于活跃课堂气氛、增强学生对口译课的兴趣和热情具有促进作用。口译课堂可开展名人演讲翻译和学生演讲两项训练。

名人演讲翻译,国家领导人的新年贺词演讲是很好的素材,如中国国家主席和西班牙国王的演讲词等。这些素材通常会有权威翻译,为了避免学生提前搜集译文有所准备,可采取课堂即兴翻译的措施。但政治领域的演讲对于本科阶段的学生来说难度较大,可以模仿学习译本为主,即先让学生尝试翻译,然后给出参考译文,开展研究性学习,突出当下热点词汇的翻译。

教师可以结合口译练习主题,给学生演讲布置定题。对于演讲者来说,前期大量

① 梁敏娜. 情景模拟教学法在联络口译专题教学中的应用研究[J]. 智库时代,2019(19):227.

的知识、词汇储备是基础。为了降低难度,教师应提前布置任务,给学生留充足的准备时间。建议在课堂中后阶段进行,留出10~15分钟准备时间。如果课堂时间不允许,可留作课后作业,巩固课上口译内容练习的效果。

3. 影视字幕翻译与配音

在西班牙语口译课堂上,传统的教学素材以文本信息为主,这种单一维度的信息载体缺乏吸引力,适合作为视译素材。而影视字幕资源则包含影像、文字、声音,可以三维立体地传达信息,同时能够刺激学生的听觉、视觉等多重感官,有利于激发学生的口译兴趣,发扬学生的创新精神。影视字幕资源具有时代性,学生往往可以结合社会热点,提高翻译实践能力。

影视字幕翻译与配音可作为学期的项目作业,分阶段推进。对于开设两个学期口译课的院校来说,可考虑第一学期选取西班牙语影视资源,进行西译中翻译和配音;第二学期选取中文影视资源,进行中译西配音。项目作业设置在后半学期,在期末考试前结束为宜,因为这时学生的口译知识储备相对充沛,具体推进如表2所示。

表2 影视字幕配音时间安排表

任务	时间安排
选材	第6~7周
翻译	第8~10周
展示	第11~14周
评价与总结	第15周

影视字幕翻译项目作业应把握几个原则:(1)选取经典影视作品,且要保证学生在书籍、网上无法搜寻到译文的资源;可以是动画片、电影电视片段、综艺访谈节目等。(2)截取视频时长控制在6~9分钟为宜。(3)字幕的难度与长度适中。(4)题材要有时代感。(5)尽量选取文化差异较大的影视内容,有利于扩展学生的跨文化知识。

通过学生喜闻乐见的形式,将口译实践变成学生施展拳脚的平台,有利于提高学生的团队合作意识、新媒体运用技巧,同时,有利于扩展他们的跨文化视野。

四、以技能为导向的教学评估

(一)结合教学实践内容的评估

西班牙语口译考试不同于其他课程,口译本身具有动态性、口语化的特点,传统书面作答的考试形式无法真正测试出学生的口译水平。教师应将学生平时教学实践的表现纳入考核,作为平时成绩的依据,折算成一定比例和期末成绩共同作为最终的考核结果。

(二)社会性评估

评估是促进教学的有力手段。西班牙语专业的学生可以参加各类口译相关考试、社会实践,如全国翻译专业资格(水平)考试(CATTI),本科阶段可以考虑报名西班牙语三级口译考试。教师应鼓励学生积极报名参加口译大赛、配音大赛等,增强社会实践能力,为今后步入社会夯实基础。

五、结　语

教师在口译课堂教学中拥有绝对话语权的时代已经过去,口译教学应该打破传统模式,让学生成为课堂的主体,并注重主体作用的发挥;教师应综合利用多元化、信息化手段,传授学生应用型的西班牙语口译理论技巧,并通过情景模拟、影视字幕翻译配音、演讲、Vlog 制作、口译大赛等不同形式,增强学生的参与感和实践性,使西班牙语口译课堂教学充满活力。事实上,西班牙语口译人才的培养是一项系统型综合工程,除上述教学组织之外,还涉及人才培养目标的准确定位、教学大纲的重新编订、师资队伍的建设,乃至人才成长环境的改善等一系列重大课题,等待我们进一步深入探讨。

〔解林红,河北传媒学院国际传播学院助教,主要研究领域:西汉翻译;周萍,河北传媒学院国际传播学院助教,主要研究领域:跨文化交际与公共服务领域内的口笔译〕

文化论坛

科学社会主义在21 世纪的中国焕发出强大生机活力

——谈习近平新时代中国特色社会主义思想的理论渊源

杨 克 聂爱芹 周云岩

【摘要】习近平新时代中国特色社会主义思想是对 170 余年科学社会主义内涵的执着坚守,是对科学社会主义体系的创造性继承和创新性发展。科学社会主义是习近平新时代中国特色社会主义思想形成和发展的根本理论渊源,是对 100 年来社会主义伟大实践的经验总结,是对社会主义实践当中深层问题的理论突破和重大凝练。俄国社会主义制度建立的理论和实践成果,是新时代中国特色社会主义思想形成和发展的重要理论渊源。习近平新时代中国特色社会主义思想是对近 70 年中国社会主义实践特别是改革开放 40 年来实践的深刻总结,是对中国化的马克思主义的创造性继承与发展。毛泽东思想、邓小平理论、"三个代表"重要思想和科学发展观是习近平新时代中国特色社会主义思想形成和发展的直接理论渊源。习近平新时代中国特色社会主义思想,溯及科学社会主义 170 多年的中国近现代史、科学社会主义 100 年来伟大实践的奋斗历程、新中国成立 60 多年的艰辛探索以及改革开放 40 多年的伟大实践,显示了厚重的历史思维。

【关键词】习近平新时代中国特色社会主义思想 新时代 科学社会主义

理论渊源是一种理论形成的思想根基,任何伟大思想的形成都有其理论根基。中共十八大的召开是我国进入新时代的标志。在十八大以后的 5 年时间里,习近平紧紧围绕着"新时代坚持和发展什么样的中国特色社会主义,怎样坚持和发展中国特色社会主义"这一历史课题艰辛探索,取得了重大理论成果,使科学社会主义在 21 世纪的中国焕发出强大生机活力。从科学社会主义发展的历史长河来看,这些重大理论成果把历史推向了一个新时代。习近平指出:"不忘本来才能开辟未来,善于继承才能更好创新。”[①]习近平新时代中国特色社会主义思想就是在继承和发展前人社会主义思想的基础之上形成和发展起来的。

一、习近平新时代中国特色社会主义思想是对170余年科学社会主义内涵的执着坚守，是对科学社会主义体系的创造性继承和创新性发展

1848年《共产党宣言》的发表是社会主义由空想走向科学的标志。而立之年的马克思和比他小的恩格斯写的这本书彻底改变了人类历史的发展进程。他们把空想社会主义对社会的美好向往落到了实处，找到了人类通往美好生活的路径。正如宣言中所说：“无产者在这个革命中失去的只是锁链。他们获得的将是整个世界。”[②]

科学社会主义之所以说是科学的，是因为它以唯物史观和剩余价值的两个伟大发现为基石。马克思主义具有鲜明的人民立场。唯物史观强调，人民是历史发展的根本动力。马克思主义的使命就是人的解放、无产阶级的解放。中国共产党一经成立，就义无反顾地肩负起为民族谋复兴、为人民谋幸福的历史使命。在新时代，习近平反复告诫全党，一定要永远把人民对美好生活的向往作为奋斗目标，明确提出以人民为中心的发展思想。这体现了习近平新时代中国特色社会主义思想与唯物史观是一脉相承的。

同时，马克思运用这个新的历史观认真研究了资本主义社会的内在矛盾及其发展趋势，揭示了资本主义的固有矛盾，创立了剩余价值学说，从人类社会的发展趋势和资本主义社会的发展规律上论证了社会主义取代资本主义的历史必然性。当今人类虽然依然处于资本主义社会形态占统治地位的“大的历史时代”，但是马克思主义所预言的“两个必然”的历史发展趋势不可逆转。习近平指出：“从国际金融危机看，许多西方国家经济持续低迷、两极分化加剧、社会矛盾加深，说明资本主义固有的生产社会化和生产资料私人占有之间的矛盾依然存在，但表现形式、存在特点有所不同。”[③]西方国家之间、西方国家同新兴国家和广大发展中国家之间的矛盾不断深化，反对霸权主义、单边主义和强权政治的力量在迅速发展，社会主义国家、新兴国家、发展中国家成为和平发展的主力军。在此基础上，习近平提出总体国家安全观、构建人类命运共同体等思想都是对这一“大的历史时代”的正面回应。

---

① 中共中央宣传部.习近平总书记系列重要讲话读本[M].北京：人民出版社，2014：100.

② 马克思，恩格斯.共产党宣言[M].北京：人民出版社，2014：65.

③ 习近平.在哲学社会科学工作座谈会上的讲话[M].北京：人民出版社，2016：14.

习近平新时代中国特色社会主义思想是对170余年科学社会主义科学内涵的执着坚守,并创造性继承和创新性发展了科学社会主义体系。习近平曾经说过:“我国改革开放的进程和当今中国社会的现实充分证明,中国特色社会主义理论体系坚持了马克思列宁主义关于科学社会主义的重要思想,遵循了科学社会主义基本原则。我们说中国特色社会主义理论体系同马克思列宁主义是一脉相承的,这个‘脉’,就包括科学社会主义基本原则。”①“科学社会主义基本原则不能丢,丢了就不是社会主义”。②习近平新时代中国特色社会主义思想坚持了科学社会主义的核心内涵。

新时代,要把认真学习习近平新时代中国特色社会主义思想当成我们做好一切工作的看家本领,只有“领会了贯穿其中的马克思主义立场、观点、方法,才能心明眼亮,才能深刻认识和准确把握共产党执政规律、社会主义建设规律、人类社会发展规律,才能始终坚定理想信念,才能在纷繁复杂的形势下坚持科学指导思想和正确前进方向,才能带领人民走对路,才能把中国特色社会主义不断推向前进”③。总之,科学社会主义是习近平新时代中国特色社会主义思想形成和发展的根本理论渊源。

二、习近平新时代中国特色社会主义思想是对100年来社会主义伟大实践的经验总结,是对社会主义实践当中深层问题的理论突破和重大凝练

俄国社会主义制度的建立是社会主义从理论到实践的重要标志。1917年“十月革命”的一声炮响,把社会主义从一种科学的理论转化为一种社会制度,也是这声炮响,给中国送来了马克思主义。它给在黑暗中探索了半个多世纪的中国送来了先进的思想,让中国人民找到了通往真正独立和富强的道路。1921年中国共产党在成立之时就把马克思列宁主义作为自己的指导思想,义无反顾地肩负起带领广大人民实现共产主义的历史使命。经过28年的奋斗,我党带领全国各族人民改变了列强在中国横行霸道的局面,彻底把任人欺凌的民族拯救了出来,中国人民实现了“站起来”的目标。可以说,俄国社会主义制度建立的理论和实践成果,是新时代中国特色社会主义思想形成和发展的重要理论渊源。

党的十九大将习近平新时代中国特色社会主义思想确立为党必须长期坚持的指

① 习近平.关于中国特色社会主义理论体系的几点学习体会和认识[J].求是,2008(7):9.

② 习近平.毫不动摇坚持和发展中国特色社会主义 在实践中不断有所发现有所创造有所前进[N].人民日报,2013-01-06(1).

③ 习近平.在中央党校建校80周年庆祝大会暨2013年春季学期开学典礼上的讲话[N].人民日报,2013-03-03(2).

导思想，实现了对社会主义实践当中深层问题的重大理论突破。习近平新时代中国特色社会主义思想在准确把握发展的历史方位、全面建设社会主义现代化及其“两步走”战略安排等方面，进一步丰富发展了科学社会主义关于社会主义社会发展阶段的理论；坚持党对一切工作的领导、坚持人与自然是生命共同体等思想，坚持和发展了科学社会主义的党的建设学说，丰富和发展了科学社会主义关于人与自然关系的思想；提出总体国家安全观、推动构建人类命运共同体等方面的思想，为全球安全治理贡献了“中国方案”，展示了科学社会主义强大的生机活力，成为坚持和发展科学社会主义的典范。

三、习近平新时代中国特色社会主义思想是对近70年中国社会主义实践特别是改革开放40多年来实践的深刻总结，是对中国化的马克思主义的创造性继承与发展

中华人民共和国成立后，党的第一代领导人带领中国人民经过7年的奋斗在中国建立了社会主义制度。这是国际共产主义运动的巨大成功，是科学社会主义由一国到多国发展的重要组成部分。1956年毛泽东发表《论十大关系》，这是我党真正探索走自己建设道路的开端。新的探索表明，国家的建设可以参照苏联模式，但是不能照搬照抄外国经验。这一阶段党和国家走了一些弯路，也正是这些弯路让中国人民认识到只有走自己的路，建设中国特色的社会主义才是正路。所以后来我党提出的具有中国特色的人民代表大会制度、民族区域自治制度等都是建立在这个认识基础上的。以毛泽东为核心的第一代中央领导集体，在中国革命和建设实践的基础上回答了“什么是马克思主义，怎么样运用马克思主义”的问题，创立和发展了毛泽东思想，为习近平新时代中国特色社会主义思想奠定了坚实的理论与实践根基。

由于初期的失误，我国的社会主义建设走了很多的弯路。为了尽快改变当时的局面，1978年我党作出改革开放的伟大决策，标志着真正具有中国特色的社会主义在实践中逐步展开。在改革开放的大背景下，我党总结了新中国成立以来社会主义建设的历史经验，汲取了苏联解体和东欧剧变的深刻教训，借鉴了人类社会创造的文明成果，探索出了新的社会主义体制和模式。1982年邓小平指出走自己的路，建设中国特色的社会主义。1984年邓小平谈道：我们过去为什么会出现这样或者那样的问题，一个根本原因就是“什么叫社会主义，什么叫马克思主义？我们过去对这个问题的认识不

是完全清醒的"①。后来邓小平又指出贫穷不是社会主义,落后不是社会主义②。在1992年的南方谈话中,邓小平直截了当地指出共同富裕的社会主义的本质。他在实践的基础上回答了"什么是社会主义,怎样建设社会主义"的问题,进一步探索了建设社会主义的规律,并形成了中国特色社会主义理论体系的第一个创新性成果——邓小平理论。以江泽民为核心的党中央,在继续探索中,进一步回答了"建设什么样的党,怎样建设党"的问题,形成了中国特色社会主义理论体系的第二个创新性成果——"三个代表"重要思想。2003年十六大以来,以胡锦涛为总书记的党中央在实践中进一步探索解决了"什么是发展,怎么实现科学发展"的问题,形成了中国特色社会主义理论体系的第三个创新性成果——科学发展观。十八大以来,以习近平同志为核心的党中央紧紧围绕着在新时代坚持和发展什么样的中国特色社会主义,怎样坚持和发展中国特色社会主义这一历史课题进行艰辛探索,并取得了很多重大理论成果,可以说习近平新时代中国特色社会主义思想是对近70年中国社会主义实践特别是改革开放40多年来实践的深刻总结,是对中国化的马克思主义的继续发展和顺利推进,是对中国特色社会主义理论的创造性丰富和创新性发展;这一思想使科学社会主义在21世纪的中国焕发出强大生机活力。

总之,毛泽东思想、邓小平理论、"三个代表"重要思想和科学发展观是习近平新时代中国特色社会主义思想形成和发展的直接理论渊源。

四、结　语

总体来看,习近平新时代中国特色社会主义思想溯及科学社会主义170多年的中国近现代史、科学社会主义100年来伟大实践的奋斗历程、新中国成立60多年的艰辛探索以及改革开放40多年的伟大实践,显示了厚重的历史思维。这一思想是站在巨人肩膀上的伟大理论创造,是当代的马克思主义,是中国化的马克思主义,是马克思主义中国化的最新理论成果,需要长期坚持。在当代中国,坚持以习近平新时代我们中国特色社会主义思想为指导,就是真正坚持和发展马克思主义。在当代中国,坚持和发展中国特色社会主义,就是真正坚持社会主义。理论创新无止境,实践探索更无止境,正如习近平在十九大报告中明确指出:"中华民族伟大复兴,绝不是轻轻松松、敲

---

① 邓小平. 建设有中国特色的社会主义[M]//邓小平. 邓小平文选:3卷. 北京:人民出版社,1993:63.

② 邓小平. 社会主义必须摆脱贫穷[M]//邓小平. 邓小平文选:3卷. 北京:人民出版社,1993:225.

锣打鼓就能实现的，全党必须付出更为艰巨、更为艰苦的努力。”①为此，新时代要高举中国特色社会主义伟大旗帜，坚持以习近平新时代中国特色社会主义思想为指导，自力更生、艰苦创业，为把我国早日建成富强民主文明和谐美丽的社会主义现代化强国而努力奋斗。

〔杨克，河北传媒学院马列教学部讲师，主要研究方向：习近平新时代中国特色社会主义思想研究；聂爱芹，河北传媒学院马列教学部讲师，主要研究方向：当代世界经济与政治；周云岩，河北传媒学院马列教学部讲师，主要研究方向：思想政治教育〕

① 习近平. 决胜全面建成小康社会夺取新时代中国特色社会主义伟大胜利——在中国共产党第十九次全国代表大会上的报告[N]. 人民日报,2017-10-28(9).

史海钩沉

民国时期河北地区科技类图书出版述论

刘奥林

【摘要】对民国时期河北地区出版的科技类图书进行统计和分析,可以从出版的角度一窥当时河北地区科技、文化、经济、行政等各方面的情况。从学科分布上看,出版图书涉及了所有的图书大分类项,以农业科学最多;从时间分布上看,抗日战争时期是分水岭,呈现前后高、中间低的态势;从地域和机构分布上看,涉及地域多广且分散,品种数较多的出版地主要有"河北""保定""天津""定县""涉县""唐山""威县"等。民国时期河北地区科技类图书出版特点可概括为五点:一是内容主要为科普读物、实用书籍以及专业机构资料和著作;二是涉及面广,分布不均;三是多采用编、印、发一体的形式;四是科技水平参差不齐,相对较低;五是注重现实需求,商品属性较弱。中国共产党领导的出版事业在整个民国时期河北地区科技类图书出版事业中占据重要部分,并影响了新中国成立后河北地区的科技、文化、经济等各方面的建设。

【关键词】民国时期　河北　科技图书　出版

河北是中华文明的发源地之一,被誉为研究科学技术起源的首选之地。加上河北省地形、气候复杂多样,连接交汇了游牧和农耕文明,海陆交通运输并行,环绕京津,最终形成了河北省科技文化"古老悠久、延绵不辍"和"多元丰富、特色显著"的特点①。河北省科技文化曾经对中国古代文化以及科学技术的发展做出了很大贡献,先秦时期就留下了《荀子》《慎子》《公孙龙子》《黄帝八十一难经》等经典著作,五代沧州大铁狮、北宋定窑等都代表了当时中国科学技术发展的水平。辽金元之后,河北作为京畿重地,环绕政治、经济、文化中心,作为科学技术的重要载体,出版业亦随之兴盛。

① 马艳,杨小明.河北科技史的特色与地位——地域文化与科技发展之一典型案例研究[J].华侨大学学报(哲学社会科学版),2006(4):88-89.

一、近代河北地区科技类图书出版背景简述

自1940年鸦片战争爆发,中国的社会历史发展发生了转折,被外力强制打破了封闭环境,社会性质发生了巨大变化,国难深重。科技的落后,是当时的知识分子意识到中国为列强所侵的重要因素,所以有“师夷长技以制夷”的呼吁;洋务运动的兴起,使当时的知识分子逐渐认识到中国的落后不仅仅在于“技”,全面学习西方政治、经济、法律、文化等,皆肇此为端。虽然改良运动失败,但重视科技的观念已经深入人心,被视为和“德先生”一样重要的“赛先生”得以延续。科技的普及和进步离不开图书出版的传播,尤其“在民众接触科学知识的途径不够丰富、不够多元的历史时期,科普图书对民众科学素养的提高具有不可忽视的积极作用”①。同样,图书出版也受到科技的影响,主要体现在两个方面:

一是现代化印刷技术作为西方科技被引进和学习,促进了出版业的发展。民国时期的图书出版,上承清末之余绪,下受政权更迭、新思潮传播、印刷技术改进等影响,有了进一步的发展,已经实现了向现代机械化印刷的转变,并占据主位。新文化运动后,白话文和新式标点等迅速推广,版面形式开始横排,以双面印刷为主。装帧形式上过渡到左开口的平、精装形式②,图书成为这一时期的主导出版物,被称为旧平装书,成为与古籍不同的另一种风格③。

二是西方自然科学和应用科学图书,丰富和改进了出版内容。图书出版为了满足当时救国自强、民主独立的需要,开始与社会变革、政治斗争、经济发展、科技文化等方面密切相关。正如肖东发先生所言:“从鸦片战争到清朝灭亡的70年间,我国图书事业的发展始终贯穿着一条主线:近代图书事业的兴起和传统书业的式微。”④这成为民国时期图书出版事业之滥觞。

民国时期不同时间的不同地域,出版情况差别很大。虽然相对于上海、北平、南京、天津、广州以及重庆等出版中心,河北地区出版事业的规模和影响有所不足,但不乏独特之处。抗战之前,天津长期作为河北省会,而北京也曾短期作为河北省会⑤。

---

① 夏文华. 民国时期科普图书出版史初探[J]. 科普研究,2013(1):54.

② 来新夏,等. 中国近代图书事业史[M]. 上海:上海人民出版社,2000:242-243.

③ 张利. 民国旧平装图书浅析[J]. 四川图书馆学报,2010(1):71-73.

④ 肖东发,杨虎. 中国图书史十讲[M]. 北京:国家图书馆出版社,2015:65.

⑤ 1912年至1928年10月和1930年10月至1935年6月,天津为河北(直隶)省会;1928年10月至1930年10月,北平为河北省会。因此,在这一时期内,虽然在京津出版的图书,但河北省政府主导机构及反映河北地区情况的科技图书,本文也统计在内。

河北省受京津之地辐射,又不乏沿海城市,因而受“西学东渐”影响较早且深,在近代科学技术的很多方面已经走在了前列。另外,河北引进了新的印刷技术,陆续成立有张家口西北印刷局、保定协生印书局、晋察冀日报社印刷厂、冀中导报社印刷厂等多家印刷机构,为科技类图书出版奠定了一定的基础。科技类图书并非是出版规模最大的部分,但有其独特的作用,在一定程度上反映了河北科技史的情况。本文借助民国时期河北地区科技类图书出版的具体资料,加以论述分析。

二、民国时期河北地区出版科技类图书情况

有关民国时期河北地区出版图书情况的著作,有《河北省出版史料选辑》《河北省出版志》《中国共产党晋察冀边区出版史》等。其中,《河北省出版志》曾有过统计,“河北省共编辑出版各种图书2016种”,而且“民国时期77%的图书,是在中国共产党领导下,由各根据地克服重重困难编辑印刷出版的”①。该书出版于20世纪90年代,上列数字是当时所统计的数据,但对于科技类图书数量,并无明确的分类统计。而目前陆续出版的《民国时期图书总目》,依托“民国时期文献联合目录”,吸收了全国图书馆联合编目中心各省级成员馆、“大学数字图书馆国际合作计划”(China Academic Digital Associative Library,CADAL)的主要高校成员馆,以及一些专业图书馆等民国时期文献主要收藏机构的书目数据编纂而成,约有20余万种②,其中不乏新发现的民国文献。根据出版地和出版机构,其中现存河北地区出版的科技类图书约有260种③,有油印本、石印本、铅印本等。下文从不同角度分别论述民国时期河北地区科技类图书出版情况。

(一)学科分布

按照中国图书馆分类法,科技类图书涉及分类项N-Z的所有学科,民国时期河北地区出版科技类图书品种情况如图1所示。

---

① 河北省新闻出版局出版史志编委会.河北省出版志[M].石家庄:河北人民出版社,1996:73.

② 国家图书馆.民国时期图书总目·哲学[M].北京:国家图书馆出版社,2018.

③ 本数据主要来自国家图书馆出版社“中国历史文献总库·民国图书”mg.nlcpress.com,并参考“民国文献保护计划”普查结果,以及《河北省出版志》《中国共产党晋察冀边区出版史》等。

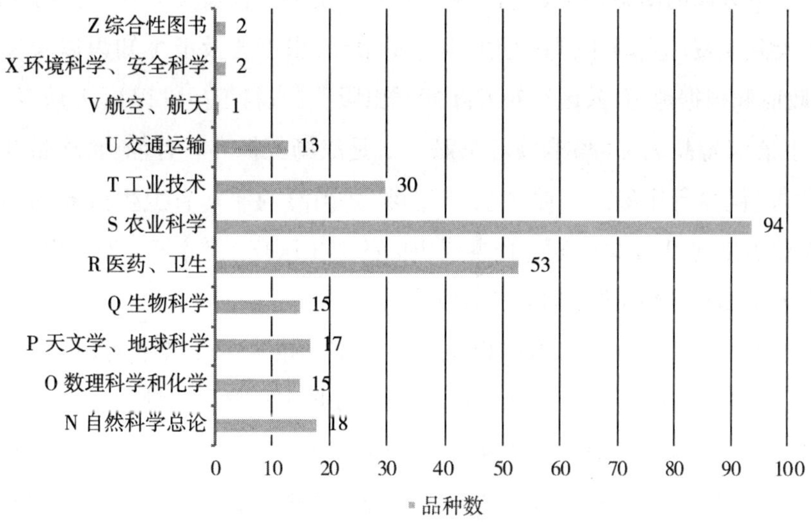

图 1　民国时期河北地区科技类图书学科分布

由图 1 可见,该时期出版的图书涉及了所有的图书大分类项,以农业科学最多。中国自古视农业为国本,而河北自古就是农业大省,农畜并举。伴随着近代以来西方科学技术的传入,河北农业科学备受重视,清末就成立了农业专科院校和专门机构,并且不断发展。这类资料较多且水平较高,如有关河北省立农学院的各项资料,"河北省立水产专科学校"的《网线材料及其纤维》,河北省农事第一试验场、实业部正定棉业试验场等机构的试验报告和著作,以及政府机构记录实地考察和建设情况的《河北省北运河整理计划书》《察哈尔省农田水利纪要》等。抗战期间,日伪政权为了侵夺河北农业资源,也曾组织专业机构试验、推广农林技术,如有所谓保定区劝农模范场的《河北省主要树木造林编》、伪河北省公署宣传处的《粮食增产须知》等。解放区也有机构开展农业推广,如冀东行政公署农林厅的《农家宝》等。此外还有基于科学普及和生产实用目的的出版物,如中华平民教育促进会出版的《开垦与农具》《预备荒年》等科普系列,还有《防治农作物病虫害浅说》《怎样养猪、怎样治防猪病?》《几种庄稼、菜蔬病虫害防治法》等种植畜牧、防治灾害的实用书籍。《养羊法》一书的作者写道:"想写些畜牧上的通俗文字,给老乡们在养牛、养羊、喂马、喂猪时做个参考。"①这些都反映了河北地区棉花以及小麦、甘薯等粮食作物的育种、栽培、病虫防治,林果育苗和园艺、植树造林、桑蚕、养蜂,鸡、羊、猪等家畜的品种改良、饲养和防瘟治病,渔业以及农田水利等各方面的情况。

① 金重冶. 养羊法[M],华北新华书店,1947:前言.

医药卫生方面的出版物次之,主要有四类:一是卫生普及实用类,反映了当时公共卫生开始受到重视。当时中国医疗卫生水平很低,出于普及卫生知识以及实用的目的,国民政府和根据地、解放区针对实际情况出版了《农村卫生常识》《大众卫生常识》《怎样带小孩》《毒品之害(吗啡)》等书籍。二是战场救护类。有《石膏绷带与关节挛缩》《战争外科学》等书籍。三是卫生工作类,如当时的河北省卫生事务局的业务报告,《县单位卫生建设初步方案》《晋察冀边区的卫生医疗工作》等。四是医学著作类,如白求恩大学编写的《病理学》《细菌学》等。

工业技术类出版物 30 种,有《印刷技术手册》《技术工作者手册》供技术人员使用,《应用科学》为工程技术论文集,还有专著《市政工程学》《度量衡须知》等。此外大多为矿冶、电力、水利、炼焦、工程建设、工业试验等方面专业机构的规范、报告、计划书和相关著作,如《冀北金矿创设六十顿工厂计划之选冶试验报告》《河北省水利问答初集》《河北井陉矿务局炼焦厂产品说略》《河北省工业试验所第三、四次报告书》等,以及学校专业院系资料,如《国立唐山工学院土木工程系科目学分表》《国立唐山工学院矿冶系科目学分表》等。

其余几大类出版物数量较少。自然科学总论有《人类征服自然》《实用自然科学辑要》《晋察冀边区自然科学界协会第一次代表大会会议录》等;数理科学和化学类有《联立一次方程式之图解》《高次积率之标准差数及关系数之公式及其派生的几个重要公式》《光的实验》等;天文地球科学有《天空的秘密》《保定气象年表》及历书;生物科学有《论生物学界的现状》《太行山脉植物调查记》《新遗传学原理》等;交通运输类大多为唐山工程学院的资料,另有《张垣汉卿桥建筑工程总报告》《河北省南运河下游疏浚委员会报告书》等;综合类有《疑难问题一百个》《疑问解答》等;航空航天类仅《飞机》一种;环境科学类的《河北省灾情及生产自救运动》反映了河北洪水灾害和人民与其斗争情况,《怎样战胜"天"灾》则以科学理论总结群众经验,预防自然灾害。这八类图书中,科普性质的读物最多。

(二)时间分布

整个民国时期(1911 ~ 1949)的数十年中,在不同时间段,图书出版也呈现出不同的态势。

从图 2 可以看出,在北洋政府统治时期,河北仅出版了 5 种科技类图书,包括《直隶农业专门学校成绩报告》《察哈尔张家口市政筹备处经过工程及现时计划略述》等,都是官方机构或者专门学校的资料。

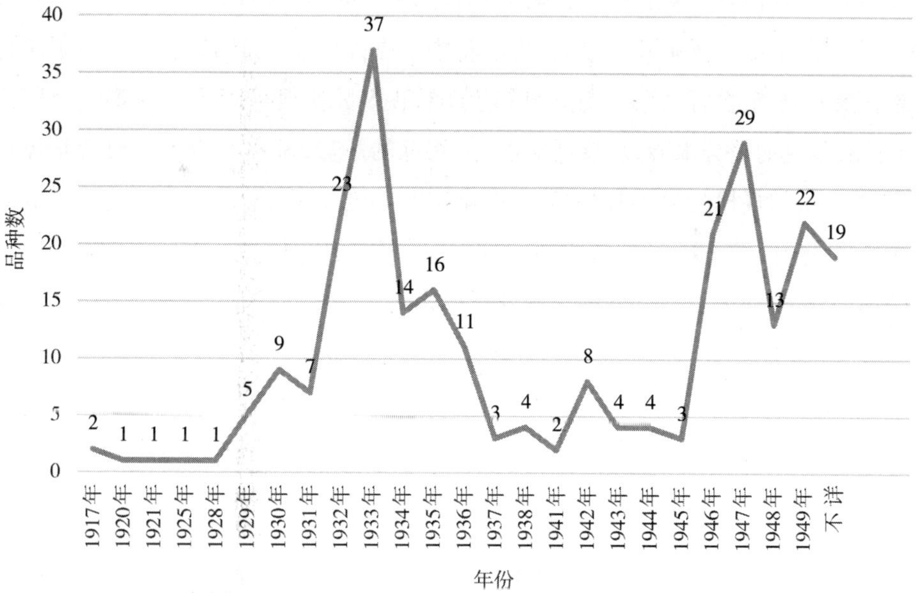

图 2　民国时期(1911～1949)不同时间段河北图书出版情况

南京国民政府初期,局势渐趋平稳,从数据上看,1928～1931年的出版情况略有起色,除了《造林法简编》《河北省北运河整理计划书》等官方性质图书外,还出版了《蜂学》《地球考略》《防治农作物病虫害浅说》《毒品之害》等具有普及和实用性质的图书22种。随后1932、1933年科技类图书出版达到了顶峰。这主要是由于当时中国政府处于相对平稳的时期,经济有所恢复,而科学文化事业也有了一定程度的积累,如“中华图书馆协会”对图书馆事业发展和学术研究方面的贡献,“中国科学化运动”的兴起等。河北省也成立了“中华平民教育促进会”“河北省农学院”“河北省工业试验所”等各类机构,出版了大量的科普图书和专业资料,截至1937年共有104种。

日军发动全面侵华战争,河北地区首当其冲,科研机构、专业院校、图书馆等遭到毁灭性打击,可以直观地看到出版数量迅速下滑,跌至谷底。这其间出版的科技类图书较少,主要有日伪政权控制下出版的13种、抗日根据地出版的12种。1946年之后开始有所恢复并发展,共出版85种图书,且基本都是在中国共产党领导下出版的。

此外,对于出版年份不详的20种图书,有学者对出版机构和著者分析:《直隶农事试验场第二、三次成绩报告》应在1928年之前;《本会为何提倡农业改良》以及《改良定县猪种》由“中华平民教育促进会总会华北试验区农业科学推广系”出版,从出版机构推断,时间应在1926～1937年之间;《河北省棉产改进会办事细则》的出版时间应在1936～1937年之间。余者为1937年后所出版,如白求恩大学1944年、1945年陆续出版了《战争外科学》《生理学》等,《病理学》《解剖学》等 5 种为其一个系列,应该也在这个时期出版。冀东新华书店、冀南新华书店都成立于 1946 年①,共出版 4 种图书,都应在 1946 年之后。那么,这个时期的图书数量就很可观了。纵观整个民国时期,抗日战争时期是分水岭,呈现前后高、中间低的态势,基本符合这一时期整体自然科学图书出版的规模趋势;但河北地区有中国共产党的领导,晋察冀又是最早成立的敌后抗日根据地,第三次国共战争时该地区又解放较早,因此,1946 ~ 1949 年出版的科技类图书基本都来自党领导的出版发行机构。

(三)地域和机构分布

出版地基本都在河北区域,著录项中除华北、河北较大的地理概念外,还有市、县等不同级别的区域。本文所称地名均为当时名称(见表 1 和表 2)。

表 1　地域和机构、品种的数量分布

地点	河北	保定	北戴河	沧县	察哈尔	昌黎	定县	阜平	邯郸	河间	平山	清苑	饶阳	涉县	石家庄	唐山
品种	41	30	1	1	2	1	35	3	1	2	2	1	2	11	3	16
机构	25	12	1	1	1	1	2	3	1	1	1	1	1	3	2	3

表 2　地域和机构、品种的数量分布

地点	万全	威县	武安	献县	辛集	邢台	易县	张家口	正定	直隶	遵化	华北	不详	北平	天津	井陉
品种	1	12	2	1	2	2	1	9	1	1	1	2	55	3	14	1
机构	1	3	1	1	1	1	1	7	1	1	1	1	31	2	4	1

从地理区域上看,很多区域具有统属关系,但因为抗战时期河北地区情况复杂,所以将一些本来有统属关系的区域按照著录地点分开论述。从表 1 和表 2 中的数据,可以直观地得出一些结论,如涉及地域多广且分散,品种数较多的主要有"河北""保定""天津""定县""涉县""唐山""威县"等。造成这种情况主要有两个因素,一个是出版时间,一个是出版机构。

晚清和民国时期,河北环绕京津等政治文化中心,而保定是河北的中心城市,科技文化引进较早,陆续成立了多家印刷、发行、出版机构等。保定在清末就成立了直隶农务学堂,后改为直隶公立农业专门学校、河北省立农学院,是今河北农业大学的前身。

① 河北省新闻出版局出版史志编委会. 河北省出版志[M]. 石家庄:河北人民出版社,1996:358.

除同兴蜂场的《蜂学》外,1937年之前保定地区出版的科技类图书基本都是该校的资料。随着1937年日军全面侵华,保定陷落,这一时期出版的图书有河北省卫生事务局的业务报告。该机构受日伪政权控制,出版的目的是为了便于日军了解占领区情况。另有河北省保定区劝农模范场是日伪政权设立的多个模范劝农场之一,为的是便于对河北省农业资源进行掠夺[①],出版有《河北省主要树木造林编》。随着日军的节节败退,1945年国民政府专门成立了行政院善后救济总署,在日本投降后开始启动善后救济工作,"善后救济总署冀热平津分署农村改进事业保定区中心站"即其下属机构,编有《治蝗指南》《甘薯栽培法》4种图书,帮助恢复农业生产。1947年有河北省立保定测候所编写出版的《保定气象年表》。此外还有5种图书,分别是华北新华书店保定分店出版的《自然常识问题解答》《石膏绷带与关节挛缩》《药物学》3种;另2种由新华书店保定总分店出版。其前身是冀中新华书店,1941年成立于饶阳,1947年改名为晋察冀新华书店冀中分店,在河间、安国、辛集、任河设专区分店,以及20多个县支店,其中在辛集所设为解放书店[②③],其间出版于饶阳的有1种,石家庄有2种,河间2种,辛集2种。1949年迁保定,显示其曾在威县出版1种《自然现象十二讲》。同年,河北省人民政府农业厅编有实用农业图书2种,由河北省联合出版社出版。

定县在此期间共出版了35种科技类图书,其中34种为中华平民教育促进会所出版的科普读物,涉及多项科学知识,数量为河北之冠。这主要归功于晏阳初先生将定县设为华北试验区,推动了河北的平民教育发展。出版地著录为北平的《改良定县猪种》《本会为何提倡农业改良》2种图书,也是由中华平民教育促进会华北试验区出版的。唯一的非科普读物《县单位卫生建设初步方案》是卫生工作文集,由1933年在定县成立的河北省县政建设研究院出版,这个机构也是中华平民教育促进会建立的试验区,实施了"县政机构的初步改单""乡村建设实验的推广应用"等方面的措施[④]。此院另外出版了地点著录为"不详"的《县单位农业改良推广办法》。

涉县位于太行山东麓,民国时属河南,今属河北邯郸市,1937年开辟为抗日根据地,后成立抗日政府。著录该县为出版地的11种图书,分属华北书店、华北新华书店、太行群众书店3家机构。华北书店1941年在延安成立,后在辽县(左权县)、涉县等处开设分店。1943年,因为根据地经济困难,华北书店和新华书店合并,但仍保持两

---

① 付春端,李秉奎. 日伪河北省公署农业掠夺政策述评[J]. 衡水师专学报,2002(4):48-49.

② 河北省新闻出版局出版史志编委会. 河北省出版志[M]. 石家庄:河北人民出版社,1996:436.

③ 伏尔柯夫. 无形的战士[M]. 冀中新华书店,1947:版权页.

④ 刘宏. "政学合一":20世纪30年代的定县县政建设实验[J]. 河北青年管理干部学院学报,2017(6):87-88.

块牌子[①],该书店在涉县出版了 2 种图书。华北新华书店成立于抗战初期,是华北《新华日报》的发行部门,邢台、涉县有分店,1948 年后与晋察冀边区的晋察冀新华书店合并,仍名华北新华书店,总店设在平山、井陉交界的西焦村,后迁往获鹿[②]。1948 年华北新华书店在涉县出版图书 8 种,另外在平山出版 2 种,邯郸 1 种,武安 2 种,张家口 1 种,河北 3 种,保定分店 5 种。太行群众书店总店所在地为涉县,出版 1 种,在邢台设分店,出版 2 种。

唐山地区主要有交通大学唐山工程学院出版的《联立一次方程式之图解》和学校课程、规则以及专业方面的资料。该校前身是北洋官铁路局创办的山海关北洋铁路官学堂,后由北洋政府交通部改组为交通大学唐山学校,再往后改名为交通大学唐山工程学院,1946 年"教育部"改名国立唐山工学院,资料中展现了该校这一时期的沿革,有 14 种。唐山地区还有 1 种冀东新华书店 1949 年出版的《天空的秘密》。冀东新华书店于 1946 年在遵化成立,后迁往唐山市区[③],另出版有著录地为河北的农业图书 2 种、人类学 1 种,科学小品《凤蝶外传》的出版地点不详。另外还有 1 种华北电业唐山发电厂的资料。

出版地为威县的 12 种图书,1947 年的 5 种是由成立于 1946 年的冀南书店出版的科普、实用图书。1948 年,冀南书店发行部改组为冀南新华书店,另外 6 种图书是其于 1948、1949 年出版的。另有新华书店保定总分店出版的 1 种。

出版地为天津的图书 14 种,出版时间为 1917 ~ 1934 年。此阶段,天津为河北省所管辖。这些图书基本是高校和专业机构的资料和著作。有直隶省立甲种水产学校及其更名为河北省立水产专科学校的资料,有河北省工业试验所及其更名为直隶工业试验所的报告书,有北洋大学的《冀北金矿创设六十顿工厂计划之选冶试验报告》,有河北省农事第一试验场的农业科学著作 2 种,以及河北省立工业学院的《市政工程学》等。

张家口曾为察哈尔省会,此地出版 9 种图书,有北洋政府时期察哈尔市政筹备处工程和计划书,有日伪时期伪察南政厅资料科的《察南度量衡换算表》。另有晋察冀新华书店出版的《肺病疗养法》等 3 种,晋察冀边区行政委员会编审委员会出版的《生产教材》、华北新华书店的《机关生产的农业常识》,1949 年察哈尔省人民政府农业处编写的《论生物学界的现状》,以上均属研究水平较高的著作。这些都是在中国共产党领导下出版的图书。

---

① 刘大明. 抗战时期太行新华书店编辑部的同事们[J]. 出版史料,2004(2):36.

② 曹国辉. 六十年前随华北新华书店总店进京记[J]. 出版史料,2009(3):14.

③ 河北省新闻出版局出版史志编委会. 河北省出版志[M]. 石家庄:河北人民出版社,1996:437.

著录地点为河北的图书，抗战前主要由多家政府部门、专业机构、学校的报告和著作构成，如河北省棉产改进会理事会是由当时的河北省政府、河北棉产改进所、北宁铁路管理局、华北农业合作委员会、实业部天津商品检验局和华北农产研究改进社等多家机构，于 1935 年 8 月联名呈请行政院批准成立①。抗战前即在引进良种、拓展种植面积、产销合作等方面取得显著成绩②。著录地点为河北的图书还包含河北省农矿厅、河北省教育厅、察哈尔建设厅汉卿桥建筑委员会、河北省立工业学院、河北省农事第一试验场、福益农林场、河北省河务会议和华北国际救济委员会滦榆区分会等十几家部门机构的专业著作和报告。抗战时期有新民会河北省指导部青年训练所、潞河乡村服务部等所编写的农学著作，《抗敌报》以太行书局名义出版的《疗伤初步》，晋察冀边区自然科学界协会资料以及白求恩大学、白求恩医科学校③出版的医学系列著作等。抗战后更是以中国共产党领导的专业机构和书店为主，出版有冀南军区卫生部的《针灸学》，华北国际救济委员会滦榆区分会的报告，冀东军区政治部的宣传资料，冀东兴业印刷厂、冀东新华书店出版的实用图书等。

除上述外，科技类图书出版还涉及当时的多个机构。一是政府部门，如河北省教育厅出版的《毒品之害》，察哈尔建设厅出版的《察哈尔省农田水利纪要》，北平的河北省水利协会、北戴河的伪北戴河海滨风景区管理局、万全的万全县水利委员会、河北省农矿厅、河北省建设厅、河北省教育厅、河北省滹沱河灌溉工程处等机构，著录地不详，蠡测都应在省会。此外还有日伪控制的河北省公署宣传处、冀东建设厅，中国共产党领导的冀东行政公署、华北军区卫生部等。二是专业机构，有遵化的福益农林场、井陉的河北井陉矿务局炼焦厂、沧县的津南农村生产建设实验场、正定的实业部正定棉业试验场、河北省棉产改进会、河北省工程师学会、河北省工业试验所、河北省度量衡检定所、河北省立实验乡村民众教育馆、河北省农事第一试验场、河北第一博物院、河北省农田水利委员会等。此外还有中国共产党领导的河北省救灾委员会等机构的报告、记录和著作。三是专业学校，如编有《内科诊断学》的冀东军区卫生部卫生学校、易县的河北省立易县高级农业职业学校、清苑的河北省立农学院，以及河北省立医学院河北省立农学院等。四是中国共产党领导的书店，如华北书店在邯郸、平山、武安，冀中新华书店在饶阳、河间、石家庄，辛集解放书店，涉县、邢台太行群众书店等。另有昌黎王安宅《地球考略》属唯一之个人出版，以及献县天主堂的《北极探险》等，这是当时较

---

① 河北省棉产改进会. 棉产改进事业工作总报告之《本会成立之缘起及其经过》[M]. 出版机构不详，1937.

② 朱英，左海军. 抗战前河北省棉产改进会的成立及其活动[J]. 安徽史学，2013(5)：51，57-59.

③ 白求恩医科学校前身为晋察冀军区医务训练队、晋察冀卫生学校、白求恩学校，后陆续更名为白求恩医科大学、华北医科大学等，现并入吉林大学。

为特殊的出版现象。

三、民国时期河北地区科技类图书出版特点

通过对上述出版情况从几个角度的统计和分析,可以观察出民国时期河北地区科技类图书出版的一些特点。

(一)内容主要为科普读物、实用书籍以及专业机构资料和著作

科普读物是科技类图书的重要组成部分,以宣传普及自然科学知识为主要目的,其中以中华平民教育促进会所出版的系列涉及知识范围广、水平较高,之后则基本全部由中国共产党领导的各类机构和书店出版;实用书籍情况相似,只有两个例外情况,即抗战期间的伪河北省公署为刺激生产、便于掠夺,和后期国民政府善后救济总署为战后救济灾民恢复生产,各出版了几种农业书籍;专业院校、科研机构、政府相关部门的文件、报告、章程等专业资料,以及专业著作,也是科技图书出版中的重要组成部分。我们可以从上述地域和机构分布中的资料直观地了解到这方面的出版情况。如河北省农事第一试验场的相关著作,河北省立水产专科学校的各种资料,中国共产党领导下的白求恩医科学校、华北大学农学院、冀南军区卫生部等编著的专业书籍,日伪政权控制下的河北省卫生事务局的业务报告等。这三类图书的出版,在时间线上都横跨了整个民国时期,反映出不同出版机构的多种目的。

(二)涉及面广,分布不均

民国时期的河北省长期战乱频仍,出版业基础薄弱。前期主要受益于中华平民促进会选取定县为试点;后期有中国共产党领导的出版机构,包括政府部门、专业机构、专业院校、书店近百家,科技图书出版涉及多项学科。不过大部分书籍还是着重于当时急切需要的实用学科,如农业、医学等,这二者也是出版规模最大的。这种分布广泛与不均,除了表现在学科上,还体现在时间、地点、机构上。

民国前期的出版业主要由国民政府下属机构主导,出版地为保定、定县、唐山等,取决于专门机构、学校所在位置,规模曾达到民国时期的顶峰,出版目的是为了科学普及、利用和发展。抗战期间,出版地主要是在日伪政权控制的区域及其控制、设立的机构,目的在于侵掠。抗战开始之后,则绝大部分是中国共产党领导的专业机构和书店在从事出版工作,主要用于宣传科学知识,发展地方经济、医疗卫生等。一方面,出于中国共产党对科学知识传播的一贯重视,抗战时期,党先后在延安设立了新华书店,在

太行山区等地设立了华北书店，在苏北设立了大众书店，在东北设立了光华书店等①。1942年成立的晋察冀边区自然科学界协会，于1943年出版《晋察冀边区自然科学界协会第一次代表大会会议录》，反映该协会有着明确的纲领和严密的组织结构，在艰苦条件下，开展了一系列科普和研究活动，在团结和培养科技人才、促进边区社会经济建设等方面做出了重要贡献②。虽然出版图书还是以宣传进步的革命思想为主，但科技类图书在知识传播和普及上，在提高民众的科学文化素养上，体现出了巨大价值。另一方面原因是战争对医学需求和研究的促进，以及对战后快速恢复农业建设需要的预测。因此，这一时期出版的图书主要集中在共产党领导的根据地和解放区，具有科普、实用和培养人才等目的。由于应用学科更受重视，有专业机构和院校的支撑，再基于战乱频仍、基础薄弱、专业人才、提倡实用等现实因素，最终造成了各学科规模和水平的分布不均衡③。除中华平民教育促进会出版系列图书涉及较广，各专业机构、院校在本学科留下零星资料外，大都着力于农业、医学两方面图书的出版，尤以农业图书出版为最。

（三）多采用编、印、发一体的形式

综观民国时期河北地区科技图书出版各项著录信息，可以发现一个特色，那就是出版、印刷、发行往往呈现两位一体甚至三位一体的形式。如边区的新华书店、中华平民教育促进会以及政府、学校、科研机构等，兼具出版和发行功能，而且部分新华书店本身与印刷机构有着或分支、或并行、或改组等关系，也是形成这种特点的一个重要因素。同时，专业资料和著作种类不多，主要是服务本机构的相关人员，达到其各种目的。无论是科普、宣传、研究，还是利用科学促进生产，这种形式一定程度上便于宣传和发行，可以更好地服务现实需求。

（四）出版水平参差不齐，科技含量较低

限于当时的条件，这一时期图书的出版水平参差不齐，尤其是抗日敌后根据地，受制于严酷的客观环境，图书的材质和印刷质量普遍不高。另一方面，通过对上文数据的整体分析可以发现，这一时期所出版的图书科技含量普遍不高。这是受限于当时河北地区的经济、科技、教育、文化等各方面的发展情况；加之日本侵华战争也给河北地区造成了极大的破坏。这些因素对科技类图书出版的影响既是原因亦导致结果：一方

---

① 夏文华.民国时期科普图书出版史初探[J].科普研究，2013(1)：57-58.

② 邱若宏.晋察冀边区自然科学界协会述略[J].河北师范大学学报(哲学社会科学版)，2013(1)：60，63-64.

③ 夏文华.民国时期自然科学图书出版的特点及其原因[J].晋中学院学报，2013(4)：116-118.

面,制约了当时河北地区的科技水平和整体知识水平,从而制约了此类图书出版的科技支撑;另一方面,影响到对科技类图书出版的现实需求,即低层次科技水平的现实使得社会对图书的科技含量要求不高,而这种现实需求的社会影响力更为显著。

(五)注重现实需求,商品属性较弱

如上述科技类图书出版特点所论,民国时期出版的图书以科普、实用为主,这就引出另一个特点,即当时之出版十分注重现实需求。自然科学知识普及不仅可以开启民智,促进文教、卫生等方面的发展,而且与实用性图书一起,可以更好地服务生产生活的现实需要。专业资料和著作方面,在抗战前的一个时期,由于政局相对安定,经济有所恢复,大量专业机构、院校得以发展,因而出版专业资料符合教育教学的需求。尔后的抗战期间,河北沦陷,日伪政府为便于统治、侵掠资源,控制、设立了一些专业机构,遂有适应其侵略、奴役需要的相关著作和报告的出版。解放战争期间,中国共产党领导下的出版发行机构,不仅展示了中国共产党对宣传科学知识的一贯重视,也体现出当时服务生产和战争医疗需要的出版宗旨。换言之,这类科技图书呈现出较弱的商品属性,即其主要目的并非在于图书发行中的商品交易、谋求利润,而是更为重视对当时特定需求的满足。

四、结 语

上文主要论述民国时期河北地区出版的科技类图书在学科、时间、地域、机构等方面的情况,并剖析其出版的特点,从中可以略窥民国时期河北地区科技和出版业发展的脉络。由河北省的地理环境、经济、教育、历史传统等因素的作用,决定了当时农业图书出版相对于其他学科图书的优势地位,且这一优势贯穿了整个民国时期,并无例外。而矿业与工业类图书,以及战争造成的对医学的需求等,也都体现了民国时期的大历史背景和河北特殊省情对科技与出版产生的影响,以及二者之间产生的相互作用。不仅是当时中国科学事业、出版业的缩影,而且可反映出若干独特之处,尤其是抗日战争前后的巨大改变。中国共产党在这一时期出版发行事业的成就,以及对河北省科学普及和科技发展做出的巨大贡献也得以充分的反映。除利于民国时期河北地区科技史、出版史的研究,对于该地区政治史、经济史、文化史和教育史尤其是高教史等各方面的研究也都有一定的作用。

〔刘奥林,国家图书馆出版社发行部主任助理,编辑,主要研究方向:出版史、佛教史〕

记谱法在中国音乐史中的发展

吕 冬

【摘要】记谱法是使用特定的文字或符号记录音高、节奏等音乐内容的方法。在不同历史时期和不同地域,我国出现过多种记谱方式。其中有:节奏谱,包括鲁—薛鼓谱、贞丰铜鼓谱等;音高谱,包括结带谱、曲线谱、折子谱、二四谱等;手法谱,包括文字谱、减字谱等;歌词乐谱,包括余氏方格谱、魏氏方格谱等。目前流行的记谱方式为简谱和五线谱。随着时代的进步与发展,记谱法所记录的音乐内容逐渐丰富,对音乐的记录和表达更加准确,其发展也将趋向多样化和数字化。

【关键词】记谱法　节奏谱　音高谱　手法谱　歌词乐谱

记谱法是采用符号对音乐进行记录的方法,可以分为文字记谱法、图像记谱法和奏法记谱法等几大类。随着时间的流逝,有些记谱法已经消失,有些不能被完全还原。流传下来的乐谱作为记录和保存音乐的方法,作为承载一个地区、一个民族音乐文化的符号依然值得研究。将研究所得乐谱进行计算机数字化记录,推动记谱法数字化的发展,以此来保护和传承民族音乐文化,是当前的一项重要任务。

一、记谱法研究现状

记谱法出现至今,人们对于它的研究从未间断,相关的成果亦是累累呈现,例如以乐器谱为研究对象,有杨荫浏的《古琴谱式改进当议》、林谦三编著的《敦煌琵琶谱的解读研究》、李石根的《西安鼓乐谱式分析》等。这些著作研究和解读了不同乐器的记谱法。

关于记谱法理论的研究,主要有付广慧的《关于记谱法》、林友仁的《对中国古谱的再认识》、王德埙的《论文字记谱法的内在矛盾》、王小龙的《从记谱法的角度去认识音乐》、减艺兵的《记谱法的变更对音乐传承的影响》和《汉字与中国音乐记谱法》、陈建国的《论中国传统记谱法与中国哲学思想、审美观念的关系》、肖杰的《五线谱、简谱记谱法的差异性》等。研究者从文化、文学等各种角度对记谱法展开探讨和论述,认为记谱法是与音乐、文化、审美乃至哲学相联系而共同发展进步的。

关于国外记谱法状况的研究,有蔡觉民的《西方传统记谱法的变迁》《早期西方音乐文化中的记谱法》等。这些研究从记谱法的某一方面或者采用几种记谱法对比的方式展开,阐述了西方国家记谱法的演变及其与西方文化的关系。

本文主要介绍中国音乐史上出现的几种较为典型的记谱法,揭示其发展轨迹和趋势,分析其演变前后的适用性,评价其对中国音乐史发展和传承的重要推动作用。

二、记谱法的概念

记谱法发展至今,关于它的定义有不同的表述。《外国音乐辞典》中解释为"记谱法,标出音高和节奏的音乐记写法"①。《牛津简明音乐词典》中解释为"乐谱法及名,将音乐写下来以便表演的方法"②。缪天瑞主编的《音乐百科词典》中解释为"将音乐记录成乐谱的各种方法。包括记录音的高度、长度、强弱、表情及演奏方法,大体有以下类别:音位记谱法、奏法记谱法、文字记谱法和图像记谱法"③。

虽然对于记谱法概念的定义不尽相同,但通过对以上材料和研究,可以看出,记谱法概念的界定包括以下几个方面:第一,作为音乐记录方法,记谱法经过长时期不断的演变,使乐谱逐渐成为书面的音乐记录形式。第二,记谱法是一种符号记录体系。第三,作为记谱法承载物的乐谱具有可再现性。演奏者或演唱者能够通过乐谱再现音乐的旋律、和声以及曲调等音乐元素。第四,乐谱具有可复制性。作为书面或非书面记录符号的乐谱必然具有所有文字和符号可复制的共同特性。也正是这一特性,使得音乐可以在音乐创作者不在场的情况下再现、复制和传播。

三、中国音乐史中曾出现的记谱法

我国的记谱法按照不同的划分标准有不同的种类,例如锣鼓谱、管色谱、弦索谱、民间杂谱;雅乐谱和民间谱、盲人扣子谱等共计数十余种,其中有很多记谱法的命名由于分类标准不同而采用了不同的命名方式。以古琴谱为例,因其采用文字记录的方式,可称为文字谱,同时由于其记录的并非音符而是演奏的技术手法,故又可称作手法

① 汪启璋,顾连理,吴佩华. 外国音乐词典[M]. 上海:上海音乐出版社,1988:531.
② 肯尼迪,布尔恩. 牛津简明音乐词典[M]. 唐其竞,等译. 北京:人民音乐出版社,1991:684.
③ 缪天瑞. 音乐百科词典[M]. 北京:人民音乐出版社,1998:285.

谱。本文按照节奏、音高、技术手法和歌词乐谱的记谱法分类方法阐述中国音乐史中出现的几种典型记谱法。

(一)节奏谱

节奏谱是指只记录音乐节奏部分的一种记谱方法。此种记谱法记录的大多是无音高、无音准的节奏型乐器(如“鼓”等只包含音乐中节奏部分的打击乐器)演奏的音乐。

1. 鲁—薛鼓谱

该乐谱是鼓乐所用的记谱法。秦汉时期,鼓类打击乐器盛行,该乐谱即产生于此时。如《尚书》中记载“击石拊石”,《礼记·礼运》中记载“夫礼之初,始诸饮食,燔黍捭豚,蒉桴而土鼓,犹若可以致其敬于鬼神”,这些记载都是对节奏型打击乐演奏的描述和记录。其乐用于祭祀、宴会、庆典等场合。由此可见鼓乐在秦汉时期应用之广、受欢迎程度之高。鲁—薛鼓谱正是在此环境下产生的。

由于该记谱法记录的是击鼓演奏时的技术手法,因此它又属于手法谱。《礼记·投壶》中所记录的乐谱是我国音乐史记载中最早的手法谱之一。《礼记》成书于西汉,其中记载了先秦时期流传的鼓谱。该乐谱中所记录的符号代表击打不同的鼓,符号交替出现,表示对不同的鼓进行交替敲击。汉代郑玄[①]注“此鲁鼓、薛鼓之节也。圜者击鼙,方者击鼓”[②]。“鲁”“薛”皆为地名,即春秋时鲁国(今山东中、南一带,以曲阜为都)和薛国(今山东省滕县南)。“鼓”在古代指礼乐用大鼓和军中主鼓。“鼙”指小鼓,汉代许慎所著《说文解字》中注释“鼙”为“骑鼓也”[③],即军队中骑兵所用小鼓,后指小鼓。图1中,圆形符号代表敲打“小鼓”,方形符号代表击打“大鼓”。因为这种乐谱记录的是“鲁”“薛”一带的鼓乐节奏,故称为“鲁—薛鼓谱”。

O □ O □ O O O O □ O □ O

图1 鲁—薛鼓谱

2. 贞丰铜鼓谱

该记谱法产生于贵州贞丰地区,是当地布依族演奏和记录铜鼓音乐时所使用的方

① 郑玄(127~200),字康成,北海郡高密县(今山东省高密市)人,东汉末年儒家学者、经学大师。
② 姚小欧,孟祥笑.试论清华简《周公之琴舞》的文本性质[J].文艺研究,2014(6):47.
③ 许慎.说文解字[M].影印本.北京:中华书局,1985:153.

式,故取名为贞丰铜鼓谱。贞丰铜鼓谱中的不同符号代表演奏时的不同技法和手法。从节奏谱的角度来看,贞丰铜鼓谱与“鲁—薛鼓谱”同样是对鼓乐演奏技法和手法的记录,二者在这一点上类似。但贞丰铜鼓谱又有其自身特点:其采用的不同符号所表示的演奏技法并非敲击不同的乐器,而是记录铜鼓敲击的不同位置。比如,图 2 中的“点圆”代表敲击鼓心,“三角”代表敲击鼓边。这两种动作交替进行,形成铜鼓打击乐的连续演奏。

图 2　贞丰铜鼓谱

(二)音高谱

笔者把记录音乐中音高的乐谱赋名为音高谱。这类记谱法不同于只记录打击乐器演奏技法的节奏谱,而是记录音乐中乐音的音高。这种分类方法是与上文所提节奏谱相对应的。

1. 结带记谱

这种记谱方式产生于我国苗族聚居地区。其记谱方式是用一条花边带子作为主线,选取六种不同颜色,宽约半寸、长约四寸的布条代表不同的音高。(见图 3)

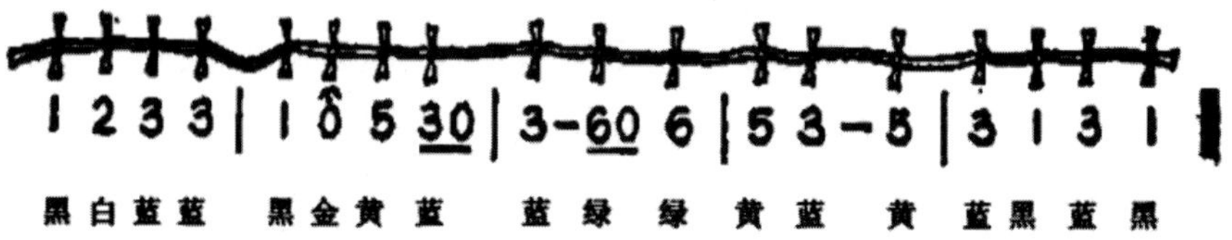

图 3　结带记谱

这种记谱法被巫师用于法事活动和授徒活动。每个布条所代表的音、每个绳节所代表的节奏由结带人自主决定,不同结带者标准不同,使得同一种颜色所代表的音高也不尽相同。因此,该种记谱法所记录的乐谱较难识别,图 3 中只是列举了一种不同颜色所对应的音高。再者,由于巫师只传授最为亲近的学徒,从而造成该种记谱方式使用者少、流传程度低的情况,因此该记谱法留存至今的资料非常稀少。

2. 声曲折记谱法

这种记谱法大约产生于西汉时期，从《汉书·艺文志》[①]中所记载的“河南周歌诗七篇”和“河南周歌声曲折七篇”中可以找到这种记谱法的踪迹。相关学者和历史学家分析，声曲折很有可能是当时民歌的曲调集和歌词集。从道教书籍《玉音法事》[②]（见图4）中可以看出，这是一种利用曲线记录音调和节奏的记谱法。因此，该记谱法被称为声曲折记谱法，用这种记谱法记录的乐谱被称为“曲线谱”。

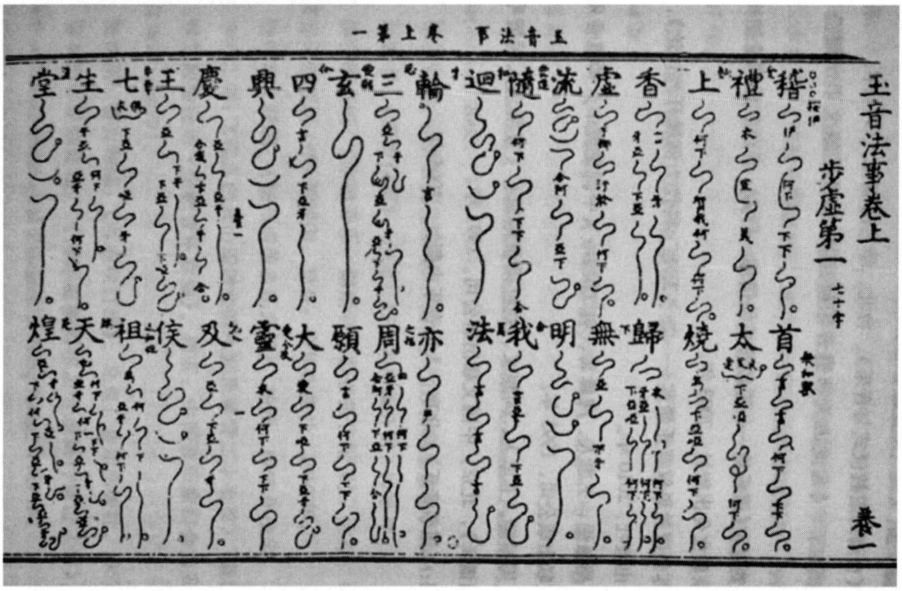

图4　宋《玉音法事》书影之一，新文丰出版《正统道藏》第18册第567～605页

刘红在其撰写的《“声曲折”考释》[③]中论述了声曲折这种记谱法的遗存问题，指出在湖北当阳玉泉寺的佛教音乐活动中仍在沿用这种记谱法。

3. 折子谱

折子谱是产生于民间、应用于民间的一种记谱方式，属于工尺谱[④]。由于它是记录在旧式记账折子和记事簿上，因此得名“折子谱”。同时又因它多用于记录丝竹乐器合奏的曲目，故也被称作“丝竹谱”。

---

① 中国最早的史志目录，属《汉书》十志之一，东汉班固根据刘歆《七略》增删改撰而成。

② 《玉音法事》为道教举行宗教活动时的颂唱范本，约出现于北宋政和年间（1111～1118），共三卷。底本出处《正统道藏》洞玄部赞颂类。

③ 原文发表在《中国音乐》1989年第4期。

④ 中国汉民族传统记谱法之一，兴起于中国唐代，因使用“工、尺”等文字记录唱名而得名。

这种记谱法为竖向编写,每一个竖向的直线代表一个小节,用字体的大小来代表不同的音符。例如,全音符是自身占据一个格子的符号;二分音符的字体大小是全音符字体大小的四分之三;四分音符的字体大小是全音符字体大小的四分之二,以此类推。折子谱相对工整,记录清晰,字体完整表示高音组,字体不完整表示中音组,这与当代五线谱和简谱的附点应用方法有所不同(见图 5)。

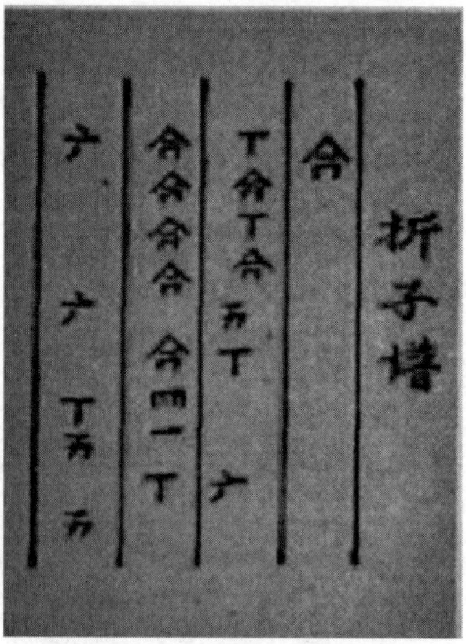

图 5　折子谱谱例

4. 盲人扣子谱

顾名思义,这种记谱法是盲人利用扣子来记录乐曲的一种记谱方式,与盲文类似。记录音的符号通常由三个或四个扣子构成。该记谱法使用大小均等的扣子按照一定数量和排列方式表示不同的音高和时值长短。民国时期,钉在黑色布条上的扣子谱是其典型代表。根据资料显示,这种记谱法曾被用于记录胡琴乐谱(见图 6)。

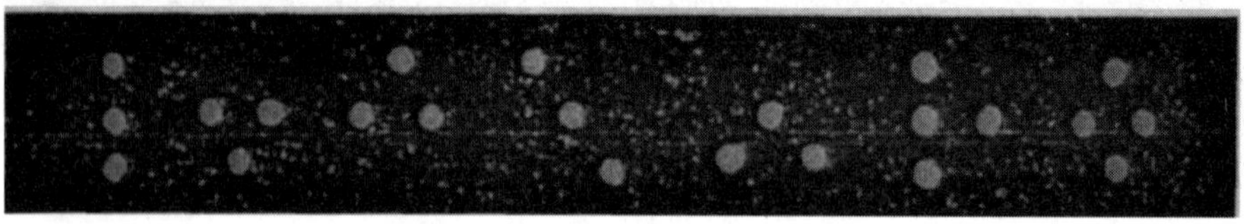

图 6　扣子谱

5. 二四谱

二四谱也是一种传统的记谱法,用作记录古琴谱或者古筝谱。这种记谱法由"二、三、四、五、六、七、八"7 个字组成。"二、三、四、五、六、七、八"分别代表徵、羽、宫、商、角和高八度的徵、羽。由于"二、四"这两个音为定弦音,因此称作"二四谱"。明清时期,这种记谱法用于记录潮州音乐(见图 7)。著名音乐学者陈天国[①]先生对"二四谱"的记谱法进行了详细的研究。

---

① 陈天国,潮州音乐传承人,1938 年出生,1962 年毕业于广州音乐专科学校,后留校任教,从事教学、演奏和音乐研究 40 多年。现为星海音乐学院研究员、中国音乐家协会会员、广东音乐家协会及多个有关学会会员。从事潮州音乐及广东佛教音乐的抢救、收集、整理、研究和丛书出版工作,与夫人苏妙筝在国内外学术刊物联合发表相关论文百余篇。

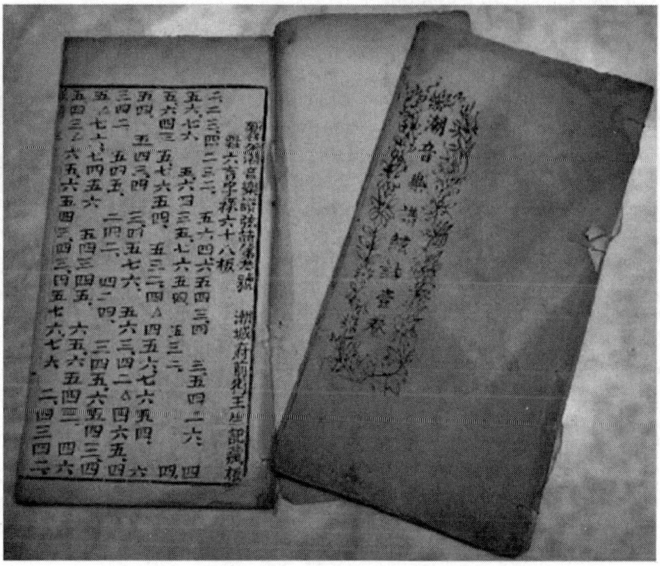

图7 潮州音乐二四谱木刻本(摄影:李佳鸿)

除此之外,属于音高谱的还有为音乐工作者和学习者所熟知的“工尺谱”等。凡其记录的符号表示乐曲演奏时音高的乐谱都可归为“音高谱”之列。

(三)手法谱

手法谱是一种记录和标记指法动作和节奏的记谱方式,它记录的并非音高和节奏,而是演奏技巧。目前,吉他所使用的六线谱也可归类为手法谱。

1. 文字谱

我国的文字谱产生于南北朝时期。《碣石调·幽兰》古琴曲谱(见图8)是我国音乐史上目前发现最早的文字谱,也是至今仅存的一部使用文字谱记录的古琴曲谱。该曲据传为孔子所作,南朝梁代隐士丘明所传。现存曲谱为唐代手抄本①,记谱年代大约为公元684年至714年之间。该乐谱中使用了近5,000个文字,后人称其为“幽兰文字谱”。唐末曹柔所创“减字谱”就是根据这种文字谱形成的。

这种记谱法使用文字阐释演奏技巧、指法动作和节奏,同时还使用文字对乐曲的弦位、徽位、徽间音位以及这些音节的使用频率和节奏变化进行描述。由此可以看出古琴所使用的文字谱是十分复杂的,对于快速识谱演奏来说具有相当的难度。因此,

① 该抄本原件现存日本京都西贺茂神光院,清代末年杨守敬将其临摹,于1884年收录黎庶昌所辑《古逸丛书》中出版。

继文字谱之后又形成了简化乐谱,即减字谱。

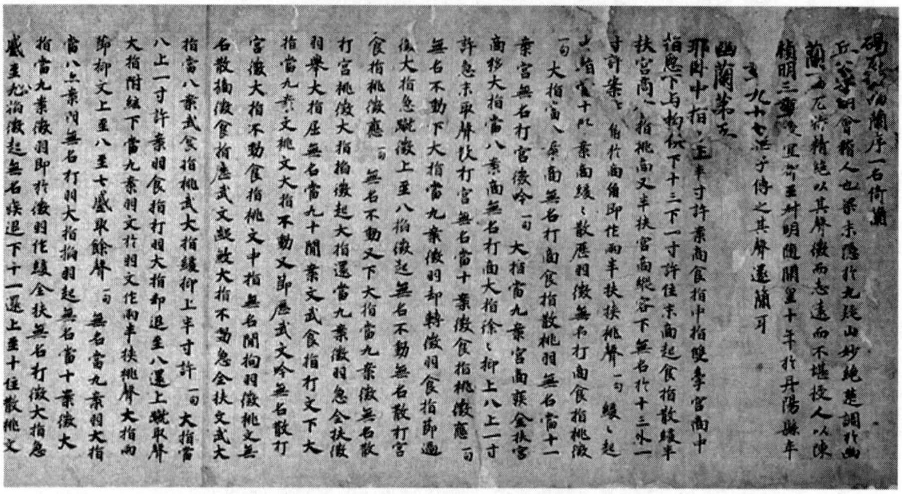

图 8 《碣石调·幽兰》

2. 减字谱

随着古琴音乐艺术的发展,原有复杂的文字谱逐渐不能适应其进步与发展,这种情况促使唐末琴师曹柔以文字谱为基础创立了减字谱。他将文字谱中记录的徽位、弦位、指法等内容用汉字或者偏旁来表示,并且将这些偏旁和汉字实施组合,形成新的"方块字",这就是减字谱。

减字谱中使用的"方块字"并非日常所使用的汉字,而是使用已有汉字和偏旁、部首重新组合起来的符号。曹雪芹在《红楼梦》的八十六回中曾对减字谱有过这样的片段描写:

> ……(贾宝玉)瞧着黛玉看的那本书,书上的字一个也不认得。有的象"芍"字;有的象"茫"字;也有一个"大"字旁边"九"字加上一勾,中间又添个"五"字;也有上头"五"字"六"字又添一个"木"字,底下又是一个"五"字。看着又奇怪,又纳闷,便说:"妹妹近日越发进了,看起天书来了。"黛玉"嗤"的一声笑道:"好个念书的人,连个琴谱都没有见过?"宝玉道:"琴谱怎么不知道?为什么上头的字一个也不认得?妹妹你认得么?"黛玉道:"不认得瞧他做什么?"①

---

① 曹雪芹,高鄂. 红楼梦[M]. 北京:人民文学出版社,1974:1120-1121.

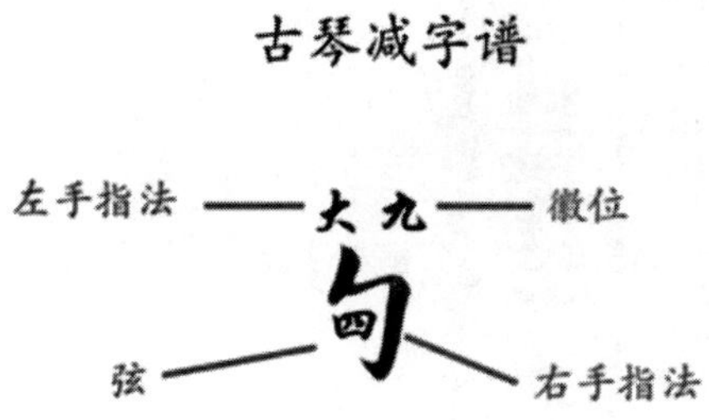

图 9　古琴减字谱

图 10　《椿庄书院本事林广记》书影之《开指黄莺吟》

在这里贾宝玉所说的“天书”即减字谱。减字谱中文字的不同部分是对古琴演奏指法、徽位、弦位等演奏法的记录。减字谱中记谱的“文字”分“左手指法”和“右手指法”以及“上半部”和“下半部”。上半部分记录左手按弦用指和徽位；下半部分记录右手指法和弦位。例如减字谱中，一个符号上半部分记录的“大”和“九”表示使用左手大拇指按住九徽这个位置；下半部分记录的“ㄅ”表示右手指法为“勾”，“四”表示第四根弦，因此下半部分所表示的意思是右手中指“勾”第四根弦（见图 9）。

减字谱在当代古琴演奏中仍有使用。例如古琴减字谱《开指黄莺吟》①（见图 10）。

（四）歌词乐谱

歌词乐谱指的是除记录音符之外同时将音符对应的歌词一起记录的乐谱。这种记谱法所记录的音乐为可歌唱的诗、词、歌、赋等。最为典型的歌词乐谱是方格谱。方格谱是用方格记录音乐的乐谱。这种记谱法操作较为简单，也容易理解，目前所发现最早的方格谱是元代余载所记的“余式方格谱”，除此之外还有产生于明末清初的“魏氏方格谱”等。

1. 余氏方格谱

余氏方格谱是以竖向分格的形式记录音高，音高按照自下而上的顺序标注十二律的音名和音高，歌词按照自右向左的方式记录，这种记谱方式又被称为“音谱”（见图 11）。以余氏方格谱记录的《韶舞九成乐补》被收录在《永乐大典》和《四库全书》当中。这是对余氏方格谱以及余氏方格谱所记录音乐的极大肯定。

① 刊载于南宋末年陈元靓《事林广记》卷四。

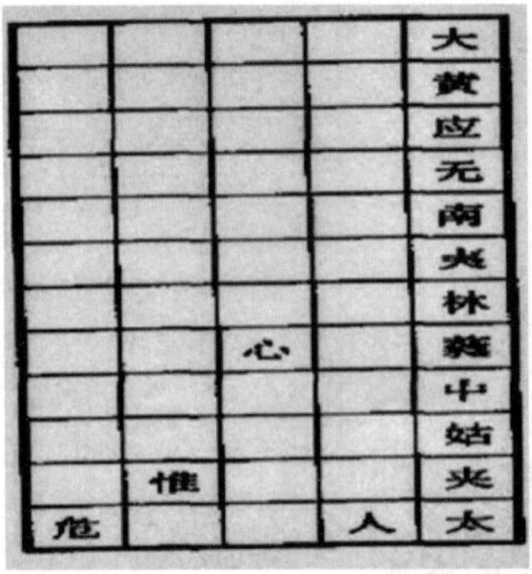

图11　《四库全书原本》余载撰《九德之歌音图》书影局部

2. 魏氏方格谱

“魏氏方格谱”与“余氏方格谱”大体相似，不同之处在于，其记谱方式竖行为八格，歌词列与音高列相间排列书写(见图12)。歌词的位置可分为上半格和下半格。在歌词右边一列相对应的位置上，按照节奏疏密使用工尺谱来标记音高。这种乐谱在明末清初由魏之琰传入日本并得到大范围传播，所以在日本，这种音乐被称为“明乐”或者“魏氏乐”。此种乐谱目前多见于日本，如日本刊行的《魏氏乐谱》等。

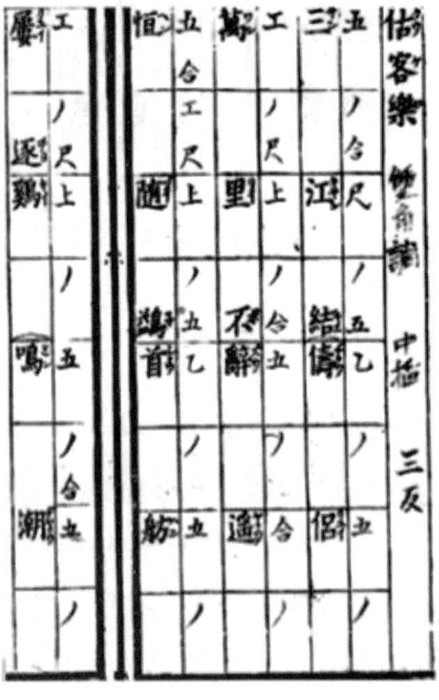

图12　凌云阁《魏氏乐谱》六卷《估客行》明治十年(1887)版书影

余氏方格谱和魏氏方格谱虽然对音乐中的音高和歌词都进行了记录，乐谱记录内容的丰富程度较前代乐谱有很大的进步，但仍缺少音符时值这个音乐元素。因此“方格谱”这种记谱法仍无法表达准确的音乐旋律，具有明显的不足和局限性。

当然，我国音乐史中所出现的记谱法和乐谱种类远不止本文所述，分类方法也不尽相同。但无论采用什么标准分类，都是为了将我国历史中出现的乐谱系统化而便于研究。

三、我国当代主流记谱法

(一)简谱

简谱主要由数字和部分符号构成。这种记谱法用阿拉伯数字代表音阶中的七个基本音级,采用在音符后面添加线、点的方式表示不同的时值(见图13)。

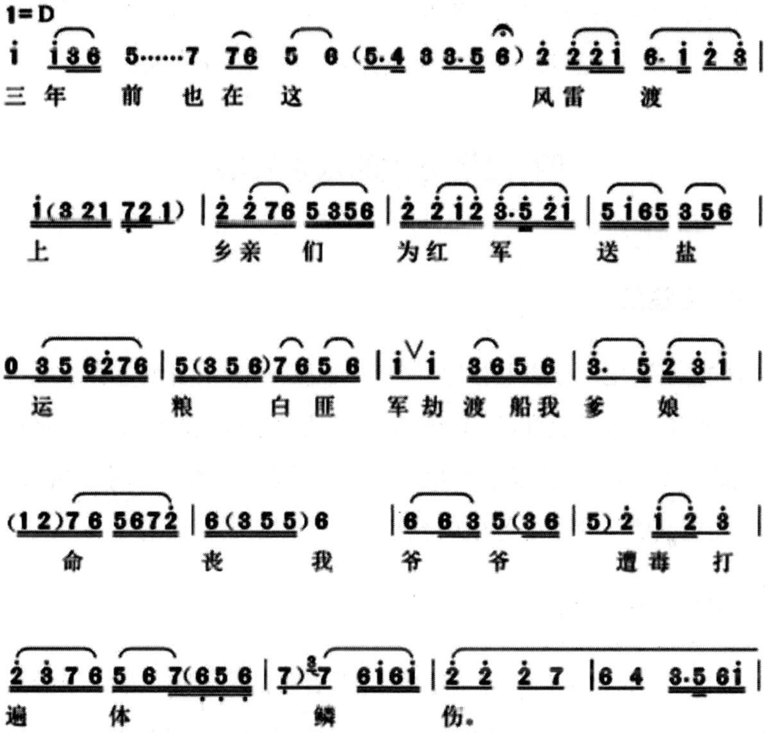

图13 现代京剧《风雷渡》选段(作曲:李经邦;制谱:吕冬)

这种记谱法产生于16世纪的欧洲,经过法国、美国、日本等国流传、改革后传入我国。抗日战争时期,这种记谱法在我国开始广为流传,并沿用至今。因其适用性强、便于掌握的特点,现在很多幼儿音乐学习或音乐初学者学习中经常使用简谱。

(二)五线谱

五线谱由五条等距离的平行线和其他表示不同音乐内容的符号构成。这种记谱法以音符符头所在五条平行线的不同位置来表示音高,使用符干和符尾等记号来表示音符时值(见图 14)。

图 14 歌曲《太行小子》(作曲:吕冬;制谱:吕冬)

五线谱是当代国际上普遍使用的记谱法,且在当代各国高校音乐类专业教学中广泛使用。其记录音乐内容包括音高、时值、节奏、节拍、歌词、调式、调性等,甚至可以记录多声部交响乐队乐谱,是目前所知功能较为完备的一种记谱法。

四、记谱方式的未来发展

(一)多样化趋势

随着科技的发展,电声乐器和数字、数码乐器逐渐增多,各地方音乐风格种类逐渐融合并产生了很多新的调式、和声、节奏,很多传统的记谱法已经不能满足这样的表达需要,因此记谱法需要创新,需要多样化发展。这是音乐工作者未来研究发展的方向,探索既科学、便捷又能包含更多音乐内容和元素的记谱法和记谱方式。

(二)数字化趋势

当代网络和数字技术正在向各个领域推进,音乐的活动中也融入了数字技术。计算机音乐制作和制谱软件的诞生为音乐记录和传播提供了更加便捷的方式和方法。例如,计算机音乐制作软件 Cubase、Sonar、Logic 和制谱软件 Sibelius、Finale、Staffpad、Encore 等,让音乐的记录方式更加便捷和丰富。高效、科学同时又节省空间的数字化乐谱正是未来音乐记谱方式的发展方向。

五、结 语

记谱法自诞生至今,经历了字母、数字、图形等多种记录方式的演变,使用方式越来越便捷,所记录的音乐内容越来越丰富,对音乐的记录和表达也越来越准确。这正是记谱法的发展趋势。记谱法和乐谱除具有记录、再现和传播音乐的功能之外,其产生和发展更重要的意义是承载了一个地区、一个民族的文化。因此,对记谱法的研究具有非常重要的文化价值和意义。

对于记谱法的研究是一项庞大的工程,复杂而且漫长,因此我们在保护传统文化的同时不能忽视传统记谱法的相关研究。音乐形式的多样化发展也促进了记谱法和记谱方式的进步。音乐工作者在研究音乐未来发展的同时,也要继承和学习传统音乐文化;既要学习借鉴国外,又要结合我国实际,做到"古为今用,洋为中用",努力使中国音乐发展和当代世界文明发展同步。

〔吕冬,河北传媒学院音乐学院讲师,主要研究领域:计算机音乐制作、中国戏曲音乐〕

走近名家

保罗印象

许永坤　崔　娜

保罗·班加尔教授是位英国学者,拥有查尔斯王子信托基金导师、牛津技术转移中心高级顾问、牛津大学商学院的高级合伙人、北京大学汇丰商学院的导师、英国皇家艺术协会成员等多重学术身份。他的工作领域涉及管理、市场营销和企业家精神等课程的开发和教学,服务于全球各地的学生,频繁地在英国以及中国、芬兰、法国、印度、日本、阿曼、卡塔尔等国家和地区举办讲座和研讨会。保罗在伦敦市中心设有办事处,并在过去 20 年中建立了一个良好的学术和商业联系网络。他的业余爱好在艺术领域,并在伦敦市中心的布卢姆斯伯里拥有一个艺术中心。

保罗先生于 2019 年 9 月中旬来河北传媒学院展开了为期一周的讲学活动,就创新创业、知识产权、市场营销、跨文化交际、大学教学方法等若干主题和该校师生进行了分享和交流。保罗先生经验丰富、语言犀利、谈吐幽默、讲解生动,虽然讲座交流只有 5 天的时间,但该校师生感觉收获颇丰。

一、关于颠覆式创新:替代 + 价值

1997 年,美国哈佛大学商学院的商业管理教授、创新大师——克莱顿·克里斯坦森(Clayton Christensen)在《创新者的困境:当新技术使大公司破产》(*The Innovator's Dilemma*:*When New Technologies Cause Great Firms to Fail*)一书中,首次提出了“颠覆性技术”(Disruptive Technologies)一词。在此次讲学中,保罗教授以深入浅出的方式,阐释了颠覆性创新的含义,即可以改变消费者的消费理念和消费行为的持续性创新。颠覆性创新足以改变所有人的生活,改变整个社会。保罗先生在讲解过程中,运用了三个典型的案例:一是对苹果公司产品的商业价值分析;二是对谷歌眼镜(Google Project Glass)“探索者”项目停止原因的深度解析;三是对印度塔塔公司(陆虎的生产公司)一款产品的低端商业模式创新探索失败的解剖,引导听众深入理解了颠覆式创新的内涵。

此外,保罗教授从低层次颠覆和高层次颠覆两个角度,阐释了颠覆式创新关注的不是产品质量,而是实用价值;强调对现有产品的替代,是通过引入新技术、产品或者服务在市场竞争中取得优势,以创造前所未有的新的市场机会。保罗先生以柯达胶片被数码相机取代的案例清晰地论证了他的观点。

那么,颠覆式创新是如何产生的呢?保罗教授给出的答案是基于顾客价值导向的市场调研和数据分析。在互联网时代,一个公司能否持续发展,能否看到未来的商机,观察到新的增长点,一定要做好市场调研和大数据分析。保罗先生用微信这一款产品的强大市场影响力和用户数量做例证,分析大公司之所以长期生存的原因,就是大公司不断地收集用户信息,不断地分析数据,根据这些信息和数据,看到新的市场需求,发现新的顾客价值,产生新的创意,去改变产品,从而推出创新性的产品和技术。

国际上,颠覆式创新的理论得到众多学者的拥护。颠覆式创新有四个最重要的特征:非竞争性、初始阶段的低端性、简便性和顾客价值导向性。颠覆式创新理论对应现有的以利润最大化为导向、已有成熟价值链的持续性创新理论,开创性地提出了从0到1地为顾客创造价值的顾客价值导向理论。美国《连线》杂志高级制作人、《长尾理论》作者克里斯·安德森指出:在传统工业社会里,大工厂生产什么,或者媒体发布什么,我们就买什么,但是在互联网时代,消费者被赋予了参与生产的工具……创客运动推动了制造业的民主化。① 美国麻省理工学院媒体实验室主任伊藤穰一提出,在互联网时代,人们很容易从一个消费者和观众,变为一个生产者,从而成为整个工业生产体系的一部分。② 互联网时代诞生的"生产消费者"这个词即Pro-sumer,由Productor和Consumer组合而成。在生产过剩时代,寻找消费者成为最紧迫的商业课题,庞大的市场调查部门应运而生。颠覆式创新理论强调生产过程与消费过程的融合、生产者与消费者的融合,不遗余力地为顾客创造价值。

在国内,颠覆式创新的观念在智能手机生产领域里得到了印证。2013年,小米手机成为世界成长最快的百亿美元企业之一,13位创业者在手机生产领域里没有任何耕作和收获的经验,但是却在智能手机生产领域里异军突起,业绩骄人,最根本的原因就在于基于顾客价值导向的、深度的市场调研。他们把自己的想法放在网络上,不厌其烦地询问消费者:你想要一款怎样的手机?你希望自己的手机拥有怎样的配置?你最渴望智能终端上哪一款应用?小米手机的调研,迅速占领了大量的市场份额,同时拥有了大量的"发烧友",他们既是小米手机的消费者,又是小米手机的设计者,同时

①② 中央电视台财经频道.纪录片《互联网时代》[EB/OL].(2014-08-25)[2019-09-30].http://jingji.cntv.cn/special/internetage/01/.

还是小米市场扩张的推动者。

保罗教授的观点倾向于对颠覆式创新的两个重要特征的表达:一个是颠覆性特征,即从无到有,改变人类社会的“破坏性”的新技术革命。它不同于现有的持续性创新理论。持续性创新思想强调的是关注现有顾客以及被证明了的市场,只愿意对企业已有技术进行更新迭代,而不愿意放弃已有的成熟价值链条;而颠覆性创新则强调“破坏性”,替代性地取代现有的技术,从而产生新的顾客和新的市场,打造新的价值链条。保罗教授表达的另一个重要特征是强烈的顾客价值导向,强调市场调研的重要性,深度挖掘顾客的需求和喜好,以消费者需求为基础,不断分析消费者喜好,利用这些信息为消费者搭配符合要求的个性化产品。保罗先生说,事实上,在行业里许多企业每天把大量的金钱花在一个方案上,那就是不停地问人们:你喜欢什么? 你不喜欢什么?

二、知识产权保护:合作 + 共赢

在论及知识产权保护这个领域时,保罗教授强调了一个国家营商环境的重要性,强调商业与法律的结合,各国政府必须遵守法律,否则就会造成冲突。保罗教授肯定了中国目前良好的营商环境,赞赏中国政府鼓励外商来华投资。保罗教授提出两个命题:一是如何衡量自己的设计的价值;二是怎样保护你的设计。在探讨这两个命题时,保罗教授使用了丰富的案例并一一做了解释,比如 BA、501、No. 5、XXXX、bp、CNUK TV、TOYOTA 与 HYUNDAI 之争等,逐一分析这些产品 LOGO 的丰富内涵,并提出了创作的公式:Result = Memory + Imagination,即“创意 = 记忆 + 想象”。保罗先生强调创意创作的基础是学习和记忆,在创作之前要大量地学习,不但要分析已有的优秀作品的创作来源,更要学习创作技巧以及创作产生的过程,在记忆和理解的基础上,再去产生自己的想象和创造。

保罗教授提出了解决知识产权纠纷的有效途径,即变“冲突 + 诉讼”为“授权 + 合作”。他运用生产餐具的 RoBert(罗伯特)、Argos(阿尔戈斯)和 Thailan(泰兰)三家公司关于知识产权的解决方案,告诉听众,一旦发现了抄袭行为,产生了知识产权纠纷,不要马上进入诉讼程序,可以协商解决,比如权利方可以授权给侵权方,使其合法生产,从而收取合理的专利使用费。

常见的知识产权纠纷有归属权纠纷、侵权纠纷、合同纠纷和行政纠纷。保罗教授这里所说的纠纷主要是指归属权纠纷和侵权纠纷。归属权纠纷是指围绕知识产权权利人主体的确定而产生的纠纷;侵权纠纷是知识产权人和不特定的第三人因为侵权行为而发生的争议,没有经过知识产权人(授权人)的许可,第三人擅自使用知识产权导致双方发生的纠纷。[1] 解决知识产权纠纷的主要方法有协商、调解、行政处理、仲裁和民事诉讼 5 种。对于解决归属权纠纷问题,保罗教授强调注意防患于未然,即做到"保护",注重证据,对于从事艺术设计专业的师生来说,一定要保留创作底稿。而对于侵权纠纷,显而易见,保罗教授更为倾向第一种解决方案,通过协商和合作的方法来解决侵权纠纷问题。

三、关于跨文化交流:审美+尊重

保罗教授对于文化的内涵给出了很好的解释,分别从生存环境(physical environment)、礼节习俗(manners&customs)、宗教(religion)、教育(education)、审美(aesthetics)、传承性(personal communication)、文化价值观(values&attitudes)七个维度,分析了它们对文化的影响和投射。一个产品如果要进行跨国界、跨文化营销,就需要下很大的功夫、用很长的时间先让消费者了解产品背后的文化,从而接受产品。保罗教授在这个单元精彩地讲述了许多文化交流的故事,不同国家对于色彩、图案的不同理解,会直接导致产品是否会被接受。耐克公司曾经在阿拉伯地区推出过一款运动鞋,上面印有火焰标志,而在信奉伊斯兰教的阿拉伯人看来,火焰是真主安拉的象征,而耐克公司把火焰标志印在鞋子上踩在脚下,是对真主安拉的不尊重。最终耐克公司被迫将这款运动鞋撤出中东市场。

保罗教授对于跨文化的产品设计和团队组建给出了很好的建议。在团队适应方面,他提出不要有文化优越感的想法,如果一个人认为他的文化是最优秀的,那么这是非常危险的,好的做法是不断地向别人学习,不断地和别人沟通,尊重他人的文化观念。如果一个人不能很好地与国外的员工工作在一起,往往不是因为人的问题,而是文化的问题,体现在时间观念、生活方式、价值观、交往方式和审美等许多方面。对于亚洲人与欧洲人之间的不同,保罗教授具体地剖析了日本人、德国人、芬兰人、法国人、阿拉伯人之间在生活方式、时间观念、价值观等方面的不同。

保罗先生强调跨文化交流的重要性,尤其强调尊重文化的多样性,尊重宗教信仰,这就在很大程度上为传媒艺术类专业的师生打开了通往世界的大门,开阔了视野,加强了认知,使他们认识到在艺术设计创作过程中,文化的因素不但不容忽视,反而要格外重视,因为它会对产品的市场和营销管理产生举足轻重的作用。

---

① 参见"知识产权纠纷"百度百科词条,https://baike.baidu.com/item/%E7%9F%A5%E8%AF%86%E4%BA%A7%E6%9D%83%E7%BA%A0%E7%BA%B7/12748258?fr=aladdin。

四、鼓励追求美好生活:产品 + 市场定位

保罗先生是一个细心又幽默的人,他善于观察生活,同时又热爱生活。一天课间休息,保罗先生特意请本文作者之一的许永坤走到讲台前,问许的鞋是什么牌子的。他说他上课时恰好看到许的鞋底是红色的,就联想到一款奢侈品牌的鞋子:Christian Louboutin(克里斯提·鲁布托,法国的高跟鞋设计师,同时也是一个著名高跟鞋品牌,红底鞋是该品牌的招牌标识)。

保罗先生问许是不是这个牌子的,许说"No",告诉他鞋子是国产品牌,目前还消费不起轻奢商品。保罗先生幽默地说:"你可以努力挣钱,挣很多很多的钱,将来你也可以穿奢侈品牌。"

目前,部分消费者对产品类型的认知还存在差异,弄不清究竟什么是奢侈品牌,什么是轻奢品牌,保罗先生给出了产品在全世界的分类标准。根据稀缺程度、生产时长、商品价值等维度,产品区分为若干层次:处于最底层的是快速消费品(Mass product),再向上依次是大众产品(Quality product)、初级产品(Primary product)、轻奢产品(Luxury product)和奢侈产品(Exclusive product)。他特别强调轻奢产品和奢侈产品的不同,指出日常大家容易混淆的概念误区:轻奢产品指所谓的名牌产品,比如国内大众所知晓的 Chanel(香奈尔)、Versace(范思哲)、Prada(普拉达)、Louis Vuitton(路易·威登)和 GUCCI(古琦)等,这些品牌虽然认知度很广,也在世界范围内享有较高的声誉,但是它们均属于轻奢产品而不是奢侈产品。真正的奢侈产品具有三个明显的特征:第一个是唯一性(稀缺性),私人订制,只为某个人的某个特定需求而打造,资源非常紧缺,往往是独一无二的;第二个是高价值性,材质考究,往往具有很高的经济价值;第三个是制作时长,制作过程往往延续很久,需要历时一年甚至多年才能制作完成。

保罗先生从专业的角度清晰界定了产品的界限,为传媒艺术类专业的学生未来走向创新创业的道路提供了理论基础。从"4P"理论出发,第一个 P 即 Product,首先要为自己的产品做清晰的市场定位,清楚地知道生产的是快消品、大众产品、初级产品还是轻奢产品乃至奢侈产品;只有对产品做出清晰的市场定位,后面的 3 个"P",即 Price(价格)、Palace(渠道)、Promotion(促销)才有存在的价值。

五、大学教师的教学方法:交流 + 反馈

在谈到大学教师的教学方法时,保罗先生特别强调师生的交流与学生的反馈,他

提出只讲而不问、没有任何交流的教学方法是没有价值的。他认为,教师每次课前都要告诉学生可以从课程和讲授中学到什么,而每次课后都要专门拿出时间来问学生实际学到了什么。对于小组教学(8~15人),反馈的基本方法是提问,如果学生回答错误,教师须及时纠正;纠正的方法是不要去直接否定学生的答案,而是问他为什么会得到这个结论;从学生的思考方式中找到错误的原因,从而保证每一位学生都能听懂教学内容。而对于大组教学(30~50人),教师可以做一个1分钟的匿名反馈表,主要问题可以包括三个:你认为在课堂上哪些是有用的?你认为在课堂上有哪些是可以提高的?你认为哪部分是难的或者是难以得出结论的?另外,保罗教授还主张教师要做周记,对一周的教学情况及时总结和分析。以上讲授,为学校的老师们提供了大有裨益的教学方法和教学建议。

讲座交流期间,保罗先生以犀利的语言和幽默的谈吐,和听众分享他丰富的从业经验、专业的艺术理念和前沿的商业理论,为听众打开了通往世界的大门。他从文化审美、创新创业、市场营销、知识产权讲到教学方法,涵盖了一件艺术作品从创意、创作、团队组建、市场运营到企业的经营管理,让听众系统地、深入地了解了创新作品从前期的调研、中期的设计与开发到后期的市场运营的全过程,信息量大、知识前沿、经验丰富,具有很高的理论价值和实践价值,给受众很大的启发。

〔许永坤,河北传媒学院信息技术与文化管理学院讲师,主要研究方向:工商管理、创新创业;崔娜,河北传媒学院国际交流与合作处处长,河北省翻译工作者协会理事,主要研究方向:外国语言学及应用语言学〕

图书在版编目(CIP)数据

传媒与艺术研究.2019年.第3辑 / 李锦云主编. -- 北京:中国传媒大学出版社, 2021.8
ISBN 978-7-5657-2947-8

Ⅰ. ①传… Ⅱ. ①李… Ⅲ. ①传播媒介—关系—艺术—研究 Ⅳ. ①G206.2 ②J0-05

中国版本图书馆CIP数据核字(2021)第095737号

传媒与艺术研究(2019年第3辑)
CHUANMEI YU YISHU YANJIU(2019 NIAN DI-SAN JI)

主　　编　李锦云
策划编辑　黄松毅
责任编辑　欧丽娜
责任印制　阳金洲
封面设计　拓美设计

出版发行　中国传媒大学出版社
社　　址　北京市朝阳区定福庄东街1号　　邮　　编　100024
电　　话　86-10-65450528　65450532　　传　　真　65779405
网　　址　http://cucp.cuc.edu.cn
经　　销　全国新华书店

印　　刷　唐山玺诚印务有限公司
开　　本　787mm×1092mm　1/16
印　　张　12
字　　数　241千字
版　　次　2021年8月第1版
印　　次　2021年8月第1次印刷

书　　号　ISBN 978-7-5657-2947-8/G·2947　　定　　价　58.00元

本社法律顾问:北京李伟斌律师事务所　郭建平